Thomas F. Werner

Kunst sammeln – aber wie?

Thomas F. Werner

Kunst sammeln – aber wie?

Gemälde Aquarelle
Zeichnungen
Druckgrafik

Ein Leitfaden

nymphenburger

Dank an Martina Kausch für die redaktionelle Mitarbeit.

Besuchen Sie uns im Internet unter http://www.herbig.net

Schutzumschlag: Wolfgang Heinzel
Schutzumschlagfoto: George Ksandr, München
Satz: Walter Typografie & Grafik GmbH, Würzburg
Gesetzt aus: 11,5/15,5 Optima
Druck und Binden: Wiener Verlag, Himberg
Printed in Austria
ISBN 3-485-00881-8

Inhalt

Einleitung

Gehen Sie doch einmal durch Ihr Haus oder durch Ihre Wohnung und widmen Sie sich all den Objekten, Möbeln und Gegenständen, die Sie im Laufe der Zeit erworben haben.
Wenn Sie sich dann fragen, welche dieser Dinge wirklich eine Persönlichkeit, eine „Seele" haben, werden Sie sehr schnell feststellen, dass dies weder auf den teuren Designer-Esstisch noch auf die schöne Marmorlampe oder die dekorativen Seidenvorhänge zutrifft. Am Ende wird nur ein Teil übrig bleiben, der Ihr Zuhause einzigartig macht und Ihren Lebensstil widerspiegelt: Die Kunst!

Kunst – die „Seele" Ihres Hauses

Ich meine in diesem Zusammenhang nicht nur Bilder. Auch die mitgebrachte afrikanische Maske, besondere Fotos, Skulpturen und das alte ererbte Teeservice gehören dazu.
In diesem Buch allerdings werden wir uns auf die Thematik des Bildersammelns beschränken, wobei mit Bildern alles Gemalte gemeint ist, vom Ölgemälde über die Gouache zum Aquarell bis hin zur Zeichnung und Druckgrafik.

Lassen Sie mich Ihnen ein kleines Erlebnis schildern: Vor einigen Jahren durfte ich einem Kunden helfen, sich seinen Traum zu erfüllen: Er kaufte sich ein Gemälde von Gabriele Münter, der Lebensgefährtin Kandinskys und Mitbegründerin des „Blauen Reiters".

Eine erfreuliche Wertentwicklung

Die fünfstellige Summe, die dieses Kunstwerk kostete, stellte für meinen Kunden eine erhebliche Ausgabe dar und war im Lauf der Jahre angespart worden.

Nun kam er kürzlich zu mir, mit der Bitte, das Bild nach nunmehr fünf Jahren doch wieder für ihn zu veräußern, da er mit einem Aquarell von August Macke liebäugelte und die Summe nur durch den Verkauf des Münter-Gemäldes aufbringen konnte. Er hoffte, dass ich eine gewisse Wertsteigerung für ihn realisieren könne, und überließ mir das Bild. Nach drei Wochen hatte ich einen Käufer gefunden, der das Gemälde als ideale Ergänzung für seine große Expressionistensammlung ansah und gerne bereit war, einen hohen Preis für das Stück zu bezahlen.

Als ich dem Verkäufer daraufhin die erfreuliche Mitteilung machen konnte, dass wir fast das Dreifache des seinerzeit bezahlten Preises erzielt hatten, konnte er es kaum fassen. Vor allem musste er nicht, wie ursprünglich geplant, für das Aquarell noch eine beträchtliche

Summe aufzahlen, sondern konnte es von dem erzielten Betrag erwerben und hatte auch noch genug Geld übrig für weitere Objekte.
Warum erzähle ich Ihnen diese Begebenheit? Weil sie die Kernphilosophie guten Kunstsammelns beinhaltet, nämlich die erwiesene Tatsache, dass der Kauf von hochqualitativer Kunst praktisch kein Risiko birgt. Hierzu muss man allerdings gewisse Spielregeln kennen, denn Unwissenheit bedeutet immer Unsicherheit. Und beide sind keine gute Basis für ein Geschäft, zumal es ja doch meist um höhere Summen geht.
Überlegen Sie doch nur einmal, wie viel Aufwand und Mühen Sie vor den Kauf eines neuen Autos setzen. Sie lesen Testberichte, vergleichen Händlerangebote, machen Probefahrten, überlegen die Finanzierung usw. Und all dies für ein Objekt, das garantiert jeden Tag an Wert verliert, bis es irgendwann auf dem Schrotthaufen landet – veraltet, wertlos, vergessen.

Kunst ist Anlage nicht Ausgabe

Bei der Anschaffung eines Autos würde ich von einer notwendigen Geldausgabe sprechen. Bezeichnen Sie Ihre Aktiengeschäfte oder Ihren Sparvertrag auch als Geldausgabe? Wohl eher nicht, denn Sie hoffen ja auf gute Verzinsung, was gerade bei Aktien, wie wir wissen, durchaus nicht immer der Fall ist.

Auch der Kunstkauf ist keine Ausgabe, sondern eine Anlage.

Sammeln heißt Leidenschaft, Genuss und Lebensqualität

Vor allem ist mit diesem Investment jedoch eine wunderbare Leidenschaft verbunden, ein ästhetischer Genuss und eine Lebensqualität, die Sie nie mehr missen möchten.

Dieses Buch soll ein Leitfaden sein, soll Hemmschwellen und Vorurteile abbauen, die leider immer wieder mit dem Thema Kunst in Verbindung gebracht werden.

Es soll praxisnah informieren und Ihnen den Weg bereiten in eine Welt, die die Menschen seit Jahrtausenden begeistert und immer die Krönung unseres kulturellen Schaffens sein wird.

I. Kunst oder Künstlich

Die Ausstrahlung guter Kunst

Eine der oft gestellten Fragen ist: Wie kann man eine gut gemachte Fälschung vom Original unterscheiden? Diese Frage zu beantworten ist nicht in erster Linie die Aufgabe eines Kunsthändlers; jedes höher wertige Bild muss dem speziell hierfür zuständigen und anerkannten Experten vorgelegt werden, damit man wirklich sicher sein kann.
Zurück zu der ursprünglichen Frage. Es gibt eine Antwort, die simpel und vielfältig zugleich ist: Der Fälschung fehlt der Zauber! Sicher hatte jeder schon einmal das Gefühl, beim Anblick eines Meisterwerkes (Ausstellung, Museum etc.) eine Ausstrahlung zu spüren, eine Bewegung und Dynamik, kurz: Leben, das von dem Bild auf den Betrachter übergeht. Dieses „Leben" ist das Herzblut des Künstlers, der all sein Können, sein Empfinden, seinen momentanen Gefühlszustand in diesem Bild festgehalten hat. Die Kopie (bzw. Fälschung bei betrügerischer Absicht) beschränkt sich dagegen

Der Fälschung fehlt der Zauber

auf das rein handwerkliche Element und eben das gewisse Talent, den „Strich" des Künstlers nachempfinden zu können.

Hier spielen die Dinge, die ein gutes Bild ausmachen, keine Rolle mehr; sie sind ja bereits vorgegeben: die Bildaufteilung, der Ausschnitt, die Farben, die Stimmung. Aber gerade all dies gibt dem Bild die Vitalität, Energie und Kraft, die gute Kunst ausmacht.

Auf die Thematik der Fälschung und wie man sich davor schützen kann werden wir später noch eingehen.

Was die Ausstrahlung eines Kunstwerkes betrifft, so ist es wie in der zwischenmenschlichen Beziehung: Ob und warum es „funkt", lässt sich nicht mit Regeln und nüchternen Worten erklären.

Vertrauen Sie auf Ihr Gefühl

Jeder empfindet Charisma eben anders und die spontanen Assoziationen beim Anblick eines Bildes sind unendlich vielfältig. Vertrauen Sie deshalb auf Ihr Gefühl, Ihre Intuition und spüren Sie dem Zauber nach, der Kunst zu Kunst macht.

Die sachlichen Argumente, die Spielregeln und Fakten, die den Kunstkauf begleiten – und auf jeden Fall beachtet werden müssen –, werden später miteinbezogen.

Zunächst aber verlassen Sie sich mit ganzem Herzen auf den spannenden Dialog zwischen Ihnen und der Kunst.

Nachmachen ist keine Kunst

„Das kann mein zehnjähriger Sohn genauso gut!", ist das häufige Urteil von an Kunst uninteressierten Menschen, die sich nicht die Mühe machen, moderne Kunst zu hinterfragen. Zugegeben: Es mag für das ungeübte Auge schwierig sein, den Genius eines Beuys zu erkennen oder die ungeheure Dynamik eines Kandinsky.

Zwar ist richtig, dass Kunst von Können kommt, aber hier ist eben nicht nur das klassisch-akademische Können gemeint: Kunst soll Gedanken anregen, Grenzen und Vorurteile überschreiten, in neue Dimensionen führen und vordringen.

Gute Kunst ist unverwechselbar

Eines hat gute Kunst immer gemeinsam, ganz gleich, aus welcher Epoche: die Unverwechselbarkeit. Es ist im Grunde wie bei großen Designern: die jeweilige Handschrift ist markant und unverkennbar. Ein Aquarell von Emil Nolde beispielsweise ist sofort als solches erkennbar, egal, welches Sujet dargestellt ist. Die markante Art der Darstellung ist entscheidend. Es könnte dies keine Arbeit von Schmidt-Rottluff, Pechstein oder Kirchner sein, um einige von Noldes norddeutschen Zeitgenossen zu nennen.

Kunst macht das Nichtsichtbare sichtbar

Kunst macht das Nichtsichtbare sichtbar und alles, was diesen Anspruch verwirklicht, ist Kunst.
Eine objektive Bewertung ist daher kaum möglich.
Natürlich bringt der Grundgedanke der künstlerischen Entwicklung, nämlich neue Wege zu beschreiten, auch mancherlei Verirrungen (und Verwirrung) mit sich, wie man auf Messen und Ausstellungen leider immer wieder beobachten kann.
Provokation allein genügt nicht.
Aber der Vormarsch in eine neue Richtung, die Pionierarbeit, kann nicht vom ersten Moment an jedem gefallen, „everybody's darling" sein.
Gute neue Kunst hat Kanten und Ecken und erhebt ganz bewusst den Anspruch, gewöhnungsbedürftig zu sein. Gerade darin liegt ja das neue Element, das zum Denken anregt und weiterführt. Blickt man zurück in die Geschichte der Kunst, so gab es wohl keine epochale Entwicklung, die sofort vorbehaltlos und allseits mit offenen Armen aufgenommen wurde.

Lassen Sie die Vorurteile zurück

Vielleicht bedenken Sie dies bei Ihrem nächsten Besuch einer Vernissage, lassen die Vorurteile zurück und spüren stattdessen den Gedanken des Künstlers nach.

Die „Macher" hinter den Künstlern

„Kunsthandel kommt von Handel, nicht von Kunst", sagt ein oft zitiertes Sprichwort. Ganz so krass sollte es natürlich nicht sein. Tatsache ist allerdings, dass zu jeder Zeit die begabtesten Künstler leider oft die unbegabtesten Kaufleute waren. Das berühmteste Beispiel ist wohl Vincent van Gogh, ein einzigartiges Genie, aber vollkommen unfähig und hilflos, wenn es darum ging, von dieser Gabe zu leben. Auf der anderen Seite gibt es die begnadeten Selbstdarsteller wie Salvador Dalí oder Andy Warhol, die nicht nur ihre exzellenten Arbeiten, sondern auch gleichzeitig sich selbst zum Kunstwerk erhoben und vermarktet haben.
Generell jedoch steht ein noch so begabter Künstler ohne guten Händler auf ziemlich verlorenem Posten. Selbst der wohl herausragendste Künstler des 20. Jahrhunderts, Pablo Picasso, erfuhr den entscheidenden Schub zu Beginn seiner Laufbahn durch die Initiative seiner Förderer Ambroise Vollard und Daniel-Henry Kahnweiler, beides große Persönlichkeiten, wie man sie sich als Wegbereiter nicht besser vorstellen kann.

Jeder Künstler braucht seinen Förderer

Um Kunst zu verkaufen, muss sie gezeigt, also der Öffentlichkeit präsentiert werden. Trotz

Print-Medien, Fernsehen und Internet ist die Galerie und der Kontakt zum Original durch nichts zu ersetzen.

Die Präsentation im Markt

So ist auch für den Käufer zeitgenössischer, junger Kunst mitentscheidend, wie professionell die Präsentation im Markt erfolgt. Ein wichtiges Forum sind natürlich Messen und Verkaufsausstellungen (Übersicht siehe Anhang Seite 105 f.). In Deutschland sind hier vor allem Köln und München zu nennen, europaweit gilt Basel als Highlight unter den Messeplätzen für moderne Kunst. Im Altmeisterbereich ist nach wie vor Maastricht in den Niederlanden führend. Außerdem sollte sich der Kaufinteressierte darüber informieren, in welchen Museen und Sammlungen der jeweilige Künstler vertreten und in welchen organisierten Ausstellungen seine Werke bisher zu sehen waren. Besonders die Einzelausstellungen, also ohne Mitwirkung anderer Künstler, sind wichtig.

Die gesamte Vita ist im Allgemeinen im Katalog eines Künstlers abgedruckt, der meist vom Galeristen aufgelegt wird.

Primäre Aufgabe des Händlers ist, Gedanken und Motivation des Künstlers zu verstehen und sie für das Publikum ebenso verständlich zu interpretieren. Trotzdem darf gute Kunst nicht zu erklärungsbedürftig sein, sondern muss aus eigener Kraft die Fantasie des Betrachters in Gang setzen. Ein guter Galerist hat die Gabe, den Zeitgeist präzise zu erkennen, zu durchleuchten und auf den Kunstgeschmack zu übertragen. Hier liegt es allerdings am Kunden, klar zwischen „Modegag", also einer Eintagsfliege, und guter Kunst zu unterscheiden, die wirklich neue Wege beschreitet, anstatt in eine Sackgasse zu führen. Die Fähigkeit des Händlers liegt darin, mit geschultem und erfahrenem Auge dem Geschmack des Publikums voraus zu sein und es allmählich dorthin zu führen.

Heute Avantgarde, morgen schon Klassiker

Nicht anders läuft es in vielen Designbereichen ab, wo die langfristig erfolgreichsten Treffer in der Einführungsphase oft nur sehr zögerlich und skeptisch von der Öffentlichkeit aufgenommen werden. Später dann, zum Klassiker erhoben, kann man sich kaum noch vorstellen, dass jenes Objekt anfangs als provozierend avantgardistisch beurteilt wurde.

Als die damals noch unbekannte Gruppe der jungen französischen Impressionisten, darunter Claude Monet, Pierre Auguste Renoir, Camille Pissarro, Paul Cézanne und Edgar Degas, im Frühjahr 1874 in Paris die erste Ausstellung ihrer Werke machte, war diese für Publikum und Presse ein Skandal. In Anlehnung an Monets Bildtitel „Impression, soleil levant" von 1872 nannte man diese Stilrichtung spöttisch „Impressionismus", frei übersetzt „Malerei des persönlichen Eindrucks", da Strich und Farbgebung nicht mehr den gewohnten akademischen Regeln entsprachen, sondern der damals nicht nachvollziehbaren, persönlichen Sichtweise des Künstlers.

Heute freilich kennen wir die Tragweite dieser epochalen Entwicklung. Der französische Impressionismus gilt inzwischen als klassisch-konservativer Malstil, den sicherlich niemand mehr als skandalös bezeichnen würde.

Der „Kick" des Neuen

Um es nochmals zu betonen: Damals wie heute ist der weitsichtige, visionäre Galerist gefragt, der Qualität, Ausbaufähigkeit und Charisma des jungen Künstlers erkennt und fördert. Leider missbrauchen einige Händler den attraktiven „Kick" des Neuen, um mit Effekthascherei und cleverem Marketing substanzlose Kunst hochzupushen. Hier kann dem angehenden Sammler und kunstinteressierten Spontankäufer nur geraten werden, sich von den flankierenden Vermarktungselementen frei zu machen und in Ruhe zu prüfen, bei welchem Kunstwerk er Kommunikation spürt, eben den direkten Draht vom Bild zum Herzen.

Hat man diese Stufe geschafft, kann der Galerist als das miteinbezogen werden, was er sein sollte: Katalysator zwischen Sammler und Künstler und nicht Manipulator.

II. Stilrichtungen kurz genannt

Altmeister

Landschaftliche Regionen und Schulen

Unter alten Meistern versteht man die Maler des 15. bis 18. Jahrhunderts. Die Kunstgeschichte kennt natürlich noch genauere Differenzierungen, unterscheidet – in Zeiten geringerer räumlicher Mobilität des Menschen und des Künstlers – nach landschaftlichen Regionen und Schulen. Die seit dem Mittelalter verbreitete Organisation der Maler in Zünften bzw. Werkstätten wirkt noch im 17. Jahrhundert in den Schulen der alten Meister fort. Die Tatsache, dass ein Maler seine Fähigkeiten nicht etwa an einer Kunstakademie, sondern bei einem alten Meister lernte, ist für den Kunstkauf heute noch wichtig: Ähneln sich doch Technik und Sujet (Bildgegenstand, also das Abgebildete) in dieser Epoche oftmals so stark, dass Zuschreibungen wirklichen Experten überlassen werden müssen.
Eines der wichtigsten Kunstländer im 17. Jahrhundert ist Holland, wobei zwischen den katholischen südlichen Niederlanden, dem

heutigen Belgien, und den nördlichen Gebieten, die überwiegend protestantisch waren, unterschieden werden muss: Die Glaubensrichtung und die politischen Verhältnisse prägten die Kunst. Peter Paul Rubens (1577–1640), der wichtigste Meister des flämischen Barock, konnte in Antwerpen im Auftrag von Adel und katholischer Kirche üppige Themengemälde zur Verherrlichung seiner Gönner malen. Die protestantischen Kaufleute im Norden hatten dagegen bestenfalls für Porträtmalerei etwas übrig: So konnte man den Familienstammbaum schmücken oder die Geschichte der Firma dokumentieren. Die derb-realistische Porträtkunst eines Frans Hals (1585–1666) hat diesen Hintergrund – man ist nicht bei Hofe. Weil die (protestantische) Kirche als Auftraggeber praktisch ausfiel, mussten sich die Maler, denen Porträtmalerei nicht so sehr lag, ein neues Themengebiet suchen. Es entwickelten sich die heute zu Recht berühmten Landschaftsmaler, das niederländische Seestück war als Gattungsbezeichnung für Meereslandschaften geboren. Künstler wie Simon de Vlieger oder Jan van Goyen lebten mehr recht als schlecht von der neuen Situation fehlender fester Auftraggeber.

Die Niederländische Malerei des 17. Jahrhunderts

Auch einer der bedeutendsten Maler aller Zeiten, Harmensz Rembrandt van Rijn

(1606–1669) erlebte in Amsterdam finanziell wechselhafte Zeiten. Sein unglaubliches Einfühlungsvermögen in menschliche Seelenzustände – heute würde man sagen, seine psychologischen Kenntnisse – machten ihn zu einem der berühmtesten Porträtisten überhaupt. Außerdem war Rembrandt auch ein großer Grafiker, unangefochten auf dem Gebiet der Radierung.

Die Blüte der Stillleben und der Landschaftsmalerei

Im Holland des 17. Jahrhunderts blühte jedoch, wie gesagt, auch die Landschaftsmalerei, Jacob van Ruisdael (1628–1682) sei hier stellvertretend für viele genannt, die sich dem akribischen Studium der Natur sowie der in ihr herrschenden Beleuchtungsverhältnisse gewidmet und sie mit dramatischen Effekten ausgestattet haben. Das Naturstudium brachte außerdem den Bildtyp des Stilllebens hervor: schöne Gefäße, Krüge oder Teller, dekorativ angeordnet mit Früchten und allerlei „Leckerem". Die Vielfalt des Dargestellten – vom Hummer bis zur Jagdtrophäe Wildschwein – weist aber auch darauf hin, dass sich die Maler hier immer wieder an neuen Farb- und Materialkombinationen üben konnten.

Die Natur als Motiv

Pieter Aertsen (1508–1575) gilt als der Vater des Stilllebens, später sind vor allem Aertsens Neffe Joachim Beuckelaer (1535–1575) und im 17. Jahrhundert Abraham van Beyeren (1620–1690), Willem Kalf

(1619–1693) und Jan Davidsz de Heem (1606–1683) wichtig.

Italien – die Wiege der Renaissance

Im katholischen Italien, der Wiege der Renaissance, hatte man das Problem der neuen Bildgattungen viel weniger. In Pracht und Herrlichkeit konnten Bildhauer und Maler die Heiligen und ihre Lebensgeschichten darstellen, die Maler die Palazzi in Freskotechnik ausmalen. Für den Kunstmarkt bedeutet dies heute, dass Landschaftsmalerei in Italien erst im 18. Jahrhundert wieder verstärkt zu finden ist, dann aber die große koloristische Tradition der venezianischen Malerei fortsetzte. Francesco Guardi (1712–1793) gelangen in seinen detailgetreuen Ansichten von Venedig, den so genannten Veduten, atmosphärische Meisterstücke, ebenso wie Antonio Canal, genannt Canaletto (1697–1768), dem wohl bedeutendsten Vedutenmaler überhaupt. Neben der topografisch exakten Wiedergaben von Architektur und Landschaft, geschmückt mit netten Genreszenen spielender Kinder, ratschender Marktfrauen usw. ist Canaletto ein großer Könner im Einfangen der speziellen Licht- und Farbverhältnisse in der Lagune. Dank der Vedutenmalerei können wir uns heute ein gutes Bild vom Leben im Venedig des 18. Jahrhunderts machen.

Die Vedutenmalerei des 18. Jahrhunderts

In der europäischen Kunstgeschichte des 18. Jahrhunderts nehmen England und Frankreich eine Sonderstellung ein, und zwar vor allem durch eine neue Porträtkunst (England) und die Revolutionskunst, die heroische Überhöhung historischer Themen (Frankreich). In England waren es Sir Joshua Reynolds (1723–1792) und Thomas Gainsborough (1727–1788), die ihre Modelle nicht nur mit viel psychologischem Einfühlungsvermögen, sondern auch in individuell-charakteristischer Umgebung malten und deswegen der Nachwelt ebenfalls wichtige Dokumente zum Zeitverständnis lieferten. Die Französische Revolution prägte auf der anderen Seite des Kanals die Kunst in ganz anderer Weise: Jacques-Louis David (1748–1825) als anerkannter Maler des Regimes um Robespierre verherrlichte die unruhigen Zeiten in einer gekonnten Mischung aus Realismus und heroischer Würde. Für die Geschichte der Landschaftsmalerei sind Nicolas Poussin (1594–1665) und Claude Lorrain (1600–1682) wichtig.

Altmeistermalerei in England und Frankreich

Die Kunst des 18. Jahrhunderts in Deutschland ist die des Klassizismus, der Goethezeit. Maler wie Anton Raphael Mengs (1728–1779), Jakob Asmus Carstens (1754–1798) und Peter von Cornelius (1783–1867) orientierten sich an der Kunst der klassischen Antike, wobei sie bald zu Wegbereitern der Romantik wurden.

Das 19. Jahrhundert

Die deutschen Romantiker

Spricht man in Deutschland von der Kunst des 19. Jahrhunderts, so denkt man in erster Linie an die deutsche Romantik mit Malern wie Philipp Otto Runge (1777–1810), Caspar David Friedrich (1774–1840), an die Biedermeier-Malerei eines Carl Spitzweg (1808–1885) oder Moritz von Schwind (1804–1871) sowie an Bewegungen wie die Nazarener mit Johann Friedrich Overbeck (1789–1869). Der Schlüssel zum Verständnis dieser Strömungen ist ein Blick auf die Gattung der Landschaftsmalerei, denn nicht nur Friedrich hat sich in seinem Werk ausschließlich mit diesem Bildtyp befasst (es heißt, er konnte gar keine Porträts malen) – auch für einen Spitzweg ist in seinen charakteristischsten Bildern nicht der Mensch als Individuum im Mittelpunkt, sondern der Typ des „Armen Poeten" (1839) oder der „Wäscherinnen am Brunnen" (um 1880) und dieser Typ steht unter dem entscheidenden Einfluss seiner Umgebung. Schließlich gab es wichtige Zentren der Landschaftsmalerei wie beispielsweise die Münchner oder Düsseldorfer Schule.

Allerdings hat auch die Romantik als Kunstströmung, in der die Natursymbolik eine ganz besondere Rolle spielt, ihre Wurzeln im Biedermeier – in dem Sinn, als sich zunächst in den Befreiungskriegen engagierte Bürger ins Häusliche, Bürgerliche zurückzogen und damit auch die Natur als Rückzugsgebiet entdeckten. Nach den Vorstellungen Runges und anderer Romantiker fungiert die Natur als Spiegel der Seele – eine Vorstellung, die bereits Goethe formuliert hatte. Runges bekanntestes Werk ist der (unvollendete) Tageszeiten-Zyklus (1802–1808), bestehend aus vier Werken mit den Titeln „Der Morgen", „Der Tag", „Der Abend", „Die Nacht", in dem Runge die Landschaft ebenso religiös überhöht wie es Caspar David Friedrich in seinem Gemälde „Kreuz im Gebirge" (1808) tat. Das Bild zeigt eigentlich „nur" ein Gipfelkreuz, dies aber bekommt durch die Behandlung der Perspektive und die Farbgebung die Aussagekraft eines Altarbildes: der Tetschener Altar. Man muss sich bewusst machen, dass ein Maler mit einem solchen Werk nichts weniger tat, als die christliche Altarbild-Tradition in Frage zu stellen: Die Natur wird ebenso anbetungswürdig wie das Kreuz und auf Heilige wird in dem Bild ganz verzichtet. Ins Bewusstsein heben muss man sich außerdem, dass Friedrichs berühmteste Landschaften wie der „Kreidefelsen auf Rügen" (1819)

Die Natur als Spiegel der Seele

Kunstlandschaften sind – vom Maler aus Landschaftselementen absichtsvoll zusammengebaut.

Lukasbund und Nazarener

Johann Friedrich Overbeck (1789–1869) und Franz Pforr (1788–1812) sammelten 1809 in Wien eine Gruppe junger Maler um sich, die sich nach dem christlichen Schutzpatron der Malerzunft „Lukasbund" nannte. Als sie einige Jahre später nach Rom gingen, um die Werke der Renaissance zu studieren, erhielten sie bald den Namen „Nazarener" – wie die ersten Christen nach Jesus von Nazareth genannt worden waren. Overbeck trug sogar die gescheitelte Haarfrisur, wie sie Dürer in seinem christusnahen Selbstbildnis gemalt hatte. Den Nazarenern ging es in erster Linie um die Erneuerung des religiösen Andachtsbildes als Gegenbewegung zur Ideologie der Aufklärung.

Die Düsseldorfer und die Münchner Schule

Die Düsseldorfer Schule der Landschaftsmalerei formierte sich nach 1830 um Johann Wilhelm Schirmer (1807–1863) als Leiter der Landschaftsklasse an der Kunstakademie, in München etablierten sich die Landschafter wie Johann Jakob Dorner d. J. (1775–1852), Johann Georg von Dillis (1759–1841), Wilhelm von Kobell (1766–1855) und Max Josef Wagenbauer (1775–1829) ebenfalls im Umkreis der Akademie. Sie entdeckten die bayerische

Landschaft, malten sie realistisch und teilweise romantisch überhöht. Es entstanden zahlreiche Gemälde, aber auch Ölstudien und Aquarelle – mit neuen Techniken wurde experimentiert und Anregungen aus der holländischen und französischen Landschaftsmalerei des 18. Jahrhunderts übernommen.

Impressionismus

Impressionismus – Wegbereiter der Moderne

Der Impressionismus wird oft der Wegbereiter der Moderne genannt. Diese Meinung ist insofern richtig, als die Künstler wie Monet, Renoir oder van Gogh eine Regel durchbrachen, die bis dahin für die abendländische Malerei verbindlich gewesen war: Den Standpunkt nämlich, ein Maler habe die sichtbare Wirklichkeit so nachahmend-ähnlich wie nur irgend möglich abzubilden. Seit der Entstehung der Fotografie konnte dieses Ziel nicht mehr das einzige Kriterium für überzeugende Kunst sein. Die Fotografie war allerdings für die Künstler, die sich als Vorläufer der Impressionisten während des Kriegs um 1848 in dem kleinen Ort Barbizon (bei Fontainebleau/Paris) niederließen, nicht der Grund, eine neue Malerei zu wagen. Vielmehr gingen sie konsequent einen Weg weiter, den Eugène Delacroix und Gustave Courbet im Frankreich des beginnenden 19. Jahrhunderts eingeschlagen hatten. Übrigens hatte der französische Impressionismus deutsche Varianten, von der wichtigsten, der Berliner Sezession, ist am Ende des Kapitels die Rede.
Gegen die Allmacht der Kunstakademien mit ihren ausschließlich auf die Beherrschung von

Bildtraditionen der Renaissance ausgerichteten Ausbildungen wandte sich Delacroix als Erster. Er mochte nicht nur ausschließlich in wirklichkeitsnaher Perspektive heroische Personen malen und sich dabei an der Kunst der Griechen orientieren. Die üppige Staffage der Modelle in den Ateliers war ihm zuwider – er reiste nach Marokko und studierte eine andere Welt mit anderen Licht- und Farbverhältnissen. Die Maler von Barbizon suchten zwar nicht die Ferne, begannen aber ebenfalls die Natur zu entdecken. Plötzlich wurden auf dem Feld arbeitende Bauern darstellungswürdig – dass „Ährenleserinnen“ (1857) gemalt wurden, hatte es vorher nicht gegeben. François Millet stellte sie noch nicht einmal besonders glorreich, sondern recht realistisch dar. Noch lebensnaher, weil noch weniger ideal überhöht, malte Courbet seine einfachen Landmenschen, sich selbst eingeschlossen: der Realismus als Kunstrichtung war geboren.

Abkehr von alten Traditionen

Die Geburt des Realismus

Nachdem sich schon die Maler von Barbizon in der Natur Anregungen holten, war es nur noch ein kleiner Schritt zu der Gepflogenheit, Staffelei und Malkasten gleich zu den Ausflügen mitzunehmen und an Ort und Stelle mit dem Arbeiten zu beginnen – wie es Claude Monet forderte. Plein-Air-Malerei, also Freiluftmalerei, wurde diese Methode später genannt.

Impressionismus als neuer Begriff

Monet hatte sich ein kleines Boot zum Malen eingerichtet, fuhr auf der Seine umher und studierte Stimmungen und Beleuchtungseffekte. Édouard Manet (1832–1883), der selbst zunächst zum Kreis der Maler um Monet gehörte, später aber einen ganz eigenen Weg einschlug, malte seinen Kollegen bei der Arbeit auf seinem Boot. Monet war es dann, der der neuen Kunstrichtung den Namen gab, wenn auch unfreiwillig: Nachdem die offiziellen Pariser Akademie-Ausstellungen, die „Salons", die Landschaftsmaler um Monet nicht zeigen wollten, veranstalteten die Künstler 1874 selbst eine eigene Schau mit ihren Werken. Monet zeigte das Bild eines Hafens im Morgennebel und nannte es „Impression, soleil levant". Ein Zeitungskritiker fand diesen Titel besonders unmöglich und bezeichnete in seiner Rezension die ganze Künstlergruppe als „Impressionisten" – die neue Kunstrichtung hatte ihren bis heute weltbekannten Namen erhalten. Mittlerweile zählen die Werke der Impressionisten (zu ihnen gehören u.a. Pierre Auguste Renoir (1841–1919), Edgar Degas (1834–1917), Camille Pissarro (1830–1903)) zu den am internationalen Kunstmarkt begehrtesten und höchstpreisigen.

Drei weitere Namen muss man unbedingt nennen, wenn man die weitere Entwicklung der Kunst besonders im beginnenden 20. Jahrhundert im Blick hat: Paul Cézanne, Vincent van Gogh und Paul Gauguin.

Cézanne, der Einzelgänger

Paul Cézanne (1839–1906) hatte bei den ersten Ausstellungen der Impressionisten mitgewirkt, mochte sich als Bankierssohn aber an den Streitereien der Pariser Kunstwelt über diesen neuen Stil nicht beteiligen und zog sich zurück in seine Heimatstadt, ins südfranzösische Aix. Bis an sein Lebensende widmete er sich den Fragen, wie eine impressionistische, also auf das Festhalten eines momentanen Eindrucks gerichtete Malweise mit klassischen Kompositionsprinzipien zu vereinbaren wäre.

1888 besuchte Vincent van Gogh (1853–1890) den älteren Meister Cézanne in Aix. Sein Bruder Theo war in Paris in einer Kunsthandlung angestellt und hatte den malenden Vincent mit den Impressionisten bekannt gemacht. Durch sie angeregt, fand der junge van Gogh Mut zu einer unverwechselbaren Technik des Farbauftrags und einer charakteristischen Auffassung von Landschaften, Porträts und Interieurs (Innenraumansichten) mit ganz eigenem Wirklichkeitsverständnis. Seine berühmtesten Gemälde stammen aus seinen letzten drei Lebensjahren, die er teilweise in einer Irrenanstalt verbrachte – stetig wandelnd

van Gogh, das tragische Genie

auf dem schmalen Grad zwischen geistiger Umnachtung und genialem Schaffenswahn.

Der dritte Einsame, der die Kunst zu Beginn des 20. Jahrhunderts prägte, war Paul Gauguin (1848–1903). Auch Gauguin hatte recht spät mit der Malerei begonnen und war ein erfolgreicher Bankier gewesen. Nach seiner missglückten Atelier- und Lebensgemeinschaft mit van Gogh ging er nach Tahiti. Er studierte die „primitive" Malerei und Schnitzkunst der Eingeborenen, experimentierte mit starken Umrisslinien und großflächigen Farbfeldern und starb vereinsamt in der Südsee.

Gauguin, der Exote

Der deutsche Impressionismus besteht in erster Linie aus der Berliner Sezession, deren führendes Mitglied Max Liebermann (1847–1935) war. In den 70er Jahren lebte er in Paris und wurde stark von François Millet beeinflusst. Zusammen mit Lovis Corinth (1858–1925) und Max Slevogt (1868–1932) etablierte er die Freiluftmalerei in Deutschland. Seine Landschaften sind geprägt von der Auseinandersetzung mit niederländischen Landschaftsmalern des 17. Jahrhunderts. Liebermann malte aber auch viele Porträts und Genreszenen (also typische Motive eines bestimmten Lebensumfeldes: Biergärten, Reiter am Strand, Alleen mit Spaziergängern).

Der deutsche Impressionismus

Expressionismus

Der deutsche Expressionismus und die „Brücke"-Bewegung

Wie bei der Romantik, so gibt es auch beim Expressionismus eine speziell deutsche Spielart dieser Bewegung, den deutschen Expressionismus. In der politisch bewegten Zeit der Weimarer Republik bzw. des Ersten Weltkriegs fanden sich in mehreren deutschen Städten Künstler zusammen, die die Anregungen zu ihren Werken unverkennbar aus der brodelnden Großstadtkultur kurz nach der Jahrhundertwende gewannen: Den Malern der 1905 gegründeten Dresdener bzw. Berliner „Brücke", Ernst Ludwig Kirchner (1880–1938), Erich Heckel (1883–1970), Karl Schmidt-Rottluff (1884–1976), Max Pechstein (1881–1955), Otto Mueller (1874–1930) und kurzfristig Emil Nolde (1867–1956) ging es darum, dass ein Maler „unmittelbar und unverfälscht das wiedergibt, was ihn zum Schaffen drängt", wie Kirchner es im Brücke-Manifest 1906 formulierte.

Max Beckmann (1884–1950) nimmt trotz seiner zeitweiligen Nähe zu den Brücke-Kollegen eine Sonderstellung ein. Er schloss sich in der Jugend den Berliner Sezessions-Impressionisten an, erwarb sich seine charakteristische Formensprache durch das Studium alter

Meister (Rembrandt, Piero della Francesca, El Greco). 1910 kam auch Oskar Kokoschka aus Wien nach Berlin und brachte einen Hauch der Wiener Jugendstil-Empfindsamkeit mit – bis sich auch seine Malerei unter dem Eindruck der Kriegserlebnisse veränderte.

Die Beweggründe der Expressionisten

Ganz grundsätzlich ist es natürlich nicht so, dass die Expressionisten die Malerei neu erfunden hätten – auch wenn sie auf den ersten Blick mit vorher üblichen Darstellungsweisen brechen. Sie wollten das Kunstpublikum durchaus schockieren und suchten nach neuen malerischen Mitteln, mit denen die brutale Wirklichkeit der hungernden Kinder in Berlin, des gequält lachenden Zirkusclowns und der verkommenden Prostituierten drastisch vor die Augen des Betrachters gestellt werden konnte. Sehr vereinfacht ausgedrückt sind grobe Pinselstriche, vereinfachte Formen, eine Verschachtelung des Bildraums und eine reintonige Farbpalette Charakteristika des Deutschen Expressionismus, der sich thematisch gern mit den negativen Seiten des (Stadt-)Lebens befasst.

Bedeutend sind auch andere expressionistische Strömungen in der Zeit nach 1900. Die neue Künstlervereinigung München und die aus ihr hervorgegangene Künstlergruppe „Der Blaue Reiter“ beheimatete neben einigen durchaus eigenständigen Malern wie Franz Marc (1880–1916) und August Macke (1887–1914) eine Persönlichkeit, die neue Wege beschritt: Wassily Kandinsky (1866–1944). Seine Wurzeln in der russischen Kultur einerseits und seine Verbindungen zu Westeuropa andererseits ermöglichten dem sprühenden Geist, das Gegenständliche aus seinen Darstellungen immer mehr zugunsten einer ungegenständlichen, abstrakten Bildsprache zu reduzieren – Kandinsky mit seinen durchaus mystischen Zügen ging es darum, keine ungegenständliche, sondern eine neue übergegenständliche Zeichensprache zu erarbeiten. Wohl bei keinem anderen Künstler des 20. Jahrhunderts – außer bei Picasso – lassen sich so viele, innerlich zusammenhängende Stile beobachten. Kandinsky bewegte sich von einem ornamentalen Märchenstil über seine weltberühmten „Kompositionen" voll ungeheuer formaler und farbiger Dynamik zu einem geometrischen Reduktionismus – damit wurde der Jurist und Volkswirtschaftler schließlich Lehrer am Bauhaus.

Der „Blaue Reiter", das süddeutsche Pendant

Die Vielseitigkeit Kandinskys

Pablo Picasso ist die überragende Künstlerpersönlichkeit des 20. Jahrhunderts, denn während seines langen Lebens (1881–1973) prägte er mehrere Stilrichtungen entscheidend. Als die abendländische Kunst die Kunst außereuropäischer Kulturen entdeckte, schuf Picasso mit den „Desmoiselles d'Avignon" 1907 eines der berühmtesten und wertvollsten Gemälde der Welt und das Initialwerk sowohl des Kubismus als auch des Primitivismus, denn Picasso hatte sich unübersehbar mit iberischen Masken beschäftigt. Bei der Entwicklung der Abstraktion wirkte er im Kubismus tonangebend mit. Der gebürtige Katalane stand im Paris der 20er Jahre bald an der Spitze des Surrealismus. Doch Picassos schier grenzenlose Fantasie und sein unbändiger Schaffensdrang erschöpften sich nicht in der Malerei: Als Bildhauer arbeitete er mit den unterschiedlichsten Materialien auch an bisweilen humorigen Werken, er versuchte sich als Keramiker, schuf Collagen und war ein ebenso überragender Zeichner und Druckgrafiker. Sein expressives Alterswerk der 60er Jahre gab dem Expressionismus insgesamt weltweites Gewicht.

Picasso, die überragende Persönlichkeit

Zu den wichtigen Zeitgenossen Picassos gehören Henri Matisse (1869–1954) mit seiner unverwechselbaren, strahlenden Farbwahl und seiner optimistischen Liebe zum Ornamentalen und Marc Chagall (1887–1985). Der gebürtige Russe hatte zwar 1914 in Berlin Kontakt zu den deutschen Expressionisten, die in der Berliner Galerie „Der Sturm" ausstellten, ging aber zunächst in seine Heimat zurück.

Die Zeitgenossen Picassos

Zwischen 1923 und 1941 arbeitete er in Paris. Hier kam er mit dem Surrealismus in Berührung, der seine farbgewandten, fantastischen und auf jüdischen Traditionen fußenden Bildthemen noch einmal um seelische Differenziertheiten erweitert. Chagall entwarf auch zahlreiche Bühnendekorationen und Glasfenster für Kirchen.

Die Surrealisten zu Beginn des Jahrhunderts

Wichtig ist zu Beginn des 20. Jahrhunderts noch der Surrealismus, begründet 1924 in Paris durch das erste surrealistische Manifest. 1925 fand die erste Ausstellung der Pariser Surrealistengruppe statt, zu ihr gehörten Hans Arp (1887–1966), Max Ernst (1891–1976), Giorgio de Chirico (1888–1978), Paul Klee (1879–1940), André Masson (1896–1987), Jean Miró (1893–1983), Picasso (1881–1973), Man Ray (1890–1976), Marcel Duchamp (1887–1968) und Francis Picabia (1879–1953). Die Künstler wollten durch ihre Kunst mehr von der Welt, dem Dasein zeigen, über die Realität hinausgehen – „sur realité". Unter dem Einfluss der Psychoanalyse von Sigmund Freud und verschiedenen philosophischen Strömungen stellten sie die Frage nach dem Zusammenhang von Seelenbildern und malerischen Ausdruck. Zu den bedeutenden Surrealisten ist natürlich auch Salvador Dalí (1904–1989) zu rechnen.

Kunst nach 1945

Der Eigenwert des künstlerischen Prozesses

Im Gegensatz zur Klassischen Moderne in der ersten Jahrhunderthälfte bewegt sich die Moderne nach dem Zweiten Weltkrieg noch einmal auf neue künstlerische Ufer zu. Ist die Geschichte der Kunst des 20. Jahrhunderts im Großen und Ganzen die Geschichte einer Entwicklung vom Gegenständlichen zum Nichtgegenständlichen, so kommen nach 1945 einige neue Strömungen dazu. Künstler orientieren sich immer weniger an Vorbildhaftem, vielmehr erhält der künstlerische Prozess an sich und auch die Idee, die ein Künstler bei einem Werk hat, einen Eigenwert. Immer mehr schafft der Künstler aus sich heraus, immer weniger können seine Absichten aus dem Werk erschlossen werden. Damit nimmt die Lesbarkeit des Werks ab und die Interpretationsmöglichkeit zu.
Bei abstrakten Gemälden in größtmöglicher formaler Strenge denkt man als Erstes wohl an die geometrischen, schwarz begrenzten Primärfarbfelder von Piet Mondrian (1872–1944) aus der holländischen Künstlergruppe De Stijl. Mondrian sieht in seiner Kunst den Ausdruck reiner Geistigkeit, möchte – ähnlich wie die russischen Suprematisten Kasimir

Malewitsch (1878–1935) oder El Lissitzky (1890–1941) – die Farbe vom Gegenstand befreien. Sein Ziel war das Gleichgewicht von Ausdehnung und Begrenzung, symbolisiert durch den rechten Winkel.

Actionpainting und Informel

Den Schritt, nicht mehr nur das Werk, sondern den künstlerischen Malakt als Gegenstand der Betrachtung zu sehen, machte Jackson Pollock (1912–1956) als erster Vertreter des US-amerikanischen Actionpainting. Er entwickelte Ende der 40er Jahre die Drip Paintings – in tranceähnlichem Zustand ausgeführte Malhandlungen, bei denen Pollock die Farbe direkt auf die am Boden ausgebreitete Leinwand aufspritzte. Weitere Vertreter des Actionpainting sind Willem de Kooning, Mark Tobey, Robert Motherwell und Franz Kline. Aber auch eine meditative Farbfeldmalerei etablierte sich in den USA der 50er Jahre, vor allem durch Mark Rothko (1903–1970). Seine verschwimmenden Farbfelder sollen den Betrachter zu Raummeditationen anregen – bis hin zu einer imaginierten Perspektive.

Parallel zu den beschriebenen amerikanischen Varianten des Abstrakten Expressionismus entwickelte sich in Europa die Bewegung des Informel. Die Bezeichnung stammt aus dem Jahr 1945, als Wols, Jean Dubuffet und Jean Fautrier in einer Pariser Galerie ihre formlosen Gemälde präsentierten. Dubuffet bezeichnete seine Werke parallel als „Art brut", als rohe Kunst. 1950 prägte ein französischer Kritiker schließlich den Begriff des Tachismus, abgeleitet vom französischen „tache", „Flecken" und bezeichnete damit Werke von Wols, Hans Hartung, Georges Mathieu und K. R. H. Sonderborg. Die Begriffe werden fließend gebraucht, der Begriff des Abstrakten Expressionismus umfasst neben der Malerei auch den Bereich der Plastik, während man Tachismus und Informel nur auf gemalte Werke anwendet.

Art brut und Tachismus

Die Künstlergruppe COBRA

1948–1950 existierte eine Künstlergruppe namens COBRA, die in Mitteleuropa bis in die 60er Jahre nachwirkte und vor allem durch Karel Appel (*1921) und Asger Jorn (1914–1973) wichtig für einen weiteren rigorosen Schritt in Richtung Erweiterung des Kunstbegriffes wurde. Die COBRA-Künstler (die Anfangsbuchstaben der Städte, aus denen die Künstler kamen, bildete den Namen: Copenhagen, Brüssel, Amsterdam, also COBRA) wollten den Malakt als spontane Kreativitätsäußerung, als Improvisation ohne „Hintergedanken" verstanden wissen und den menschlichen Gestaltungsprozess ergründen. Jorn wohnte in den frühen 50er Jahren in München und gründete 1957 die „Situationistische Internationale“ mit dem Ziel der „Revolutionierung der entfremdeten und verdinglichten sozialen, politischen und kulturellen Lebensbedingungen“. Er erweiterte also den Kunstbegriff bis in soziale und politische Bereiche des Lebens hinein und steht damit an der Seite von Josef Beuys und seiner Behauptung „Alles ist Kunst“ (s. u.).

Op Art und Pop Art

Eine weitere Richtung des 20. Jahrhunderts ist die Op Art, ihr wichtigster Vertreter ist Victor Vasarely (1908–1997). Diese optische Kunst experimentiert mit dem Sehvorgang, der physiologischen Rezeption physikalischer Licht- und Farbverhältnisse. Weitaus größere Bedeutung dagegen hat die Pop Art mit ihren beiden unabhängigen Wurzeln in England und den USA. Die sich verbreitende Massenkonsumkultur mit ihren typischen Medien (Werbung, Trivialmagazine und Sciencefiction-Illustrationen) lieferte Roy Lichtenstein (1923–1997) und Andy Warhol (1928–1987) die Anregung, Motive aus diesen Bereichen halb kritisch, halb verehrungsvoll in Bilder für Museen umzusetzen. Banale Idole und das Unterhaltungsbedürfnis des Menschen der 50er Jahre werden ironisiert. Eine der am meisten geeigneten Techniken dafür ist die Collage mit den Möglichkeiten, alles, was das Herz des Konsumbürgers erfreut, in einem

Werk unterzubringen und durch die Kombinationen durchaus bissige Aussagen zu machen.

Das Happening als neues Kunst-Empfinden

Wichtig und durch spektakuläre Auftritte der Künstler allgemein bekannt ist in der Kunst des 20. Jahrhunderts der Begriff des Happenings. Das erste Happening, das allerdings von Komponisten ins Leben gerufen wurde, war das „Klangstück 4'33" von John Cage: Ein Pianist sitzt vier Minuten und 33 Sekunden vor einem Klavier, ohne es zu berühren – das Stück besteht aus den Geräuschen, die das Publikum macht. Die Wechselbeziehung von Kunst und Leben ist das Thema, das die Happening-Künstler ergründen wollten, wobei Fluxus-Feste und andere Ereignisse dieser Künstlergruppe um George Maciunas stets eine musikalische Komponente hatten, während Happenings als eine Art Collage von Ereignissen ungeprobt von Nicht-Profis bewerkstelligt werden sollten: So richtete Claes Oldenburg 1961/62 in New York ein Geschäft mit bemalten Kunst-Lebensmitteln aus Gips ein und wartete, was geschah …

Auch Joseph Beuys (1921–1986) entstammte der Happening-Bewegung, trat aber seit 1964 durch Einzelaktionen mit kultischem Charakter hervor. Kombinationen von alltäglichen Materialien, Assoziationsbildern und traditionellen Ausdrucksformen bekamen neue Bedeutungen und symbolisierten das Wechselspiel zwischen Natur und Geist, Chaos und Form, das Beuys beispielsweise in einer „Honigpumpe am Arbeitsplatz" (1974–1977) bis zum Skurrilen auslotete.

Wichtige Vertreter neuerer realistischer Kunstrichtungen sind schließlich u.a. Gerhard Richter (*1932), Georg Baselitz (*1938) und Markus Lüpertz (*1941), der heute als Professor an der Düsseldorfer Kunstakademie wirkt.

III. Die Preis-/Wertentwicklung der vergangenen Jahre

Die Marktsituation gestern und heute

„Kunstmarkt stagniert", „Preise für Kunst auf Talfahrt", „Auktionsergebnisse hinter den Erwartungen" – solche Schreckensmeldungen waren Anfang der 90er Jahre in diesbezüglich leider wenig kompetenten Medien zu lesen und haben Kunstliebhaber, die sich eine Sammlung aufbauen wollten, verständlicherweise verunsichert. Die Tatsache, dass Kunst sich gerade in den letzten fünfzehn Jahren zu einer spektakulären Geldanlageform entwickelt hat, macht dieses Thema umso brisanter. Es gibt wenige Investitionen wie den Kunstkauf, die in dieser Zeitspanne bei „fachgerechter Handhabung" derart fantastische Gewinne vorweisen können. Was war Anfang der 90er Jahre geschehen?

Die Boomphase der 80er Jahre

Gehen wir zum besseren Verständnis noch einige Jahre zurück. Wie für Boomphasen typisch, bot sich ab Mitte der 80er Jahre mittelmäßigen Objekten die große Chance, aus ihrem Schattendasein auszubrechen, um einen Platz im Scheinwerferlicht zu ergattern. Dies bezog sich weniger auf Bilder unbekannter Künstler als vielmehr auf die weniger wichtigen und unbedeutenderen Arbeiten der ganz Großen, Etablierten. Mit anderen Worten: 1987/88 konnte man selbst mit der bescheidensten Skizze eines Kirchner, Nolde oder Kandinsky noch eine respektable Summe erzielen – solange eben der Name stimmte. Viele unerfahrene Sammler, die ihr Vermögen in Spekulations-Bereichen wie dem internationalen Immobilien-Business gemacht hatten, kauften in einem wahren „Investment-Rausch", ohne das notwendige Augenmerk auf Qualität zu richten. Man lieferte sich auf den großen Auktionen regelrechte Bietergefechte, die dann zu teilweise wahnwitzigen Zuschlagspreisen führten.

Der „Investment-Rausch" und die Folgen

Dies hat sich etwa 1990 grundlegend verändert. Seit dieser Zeit sprechen wir von einer „Marktsäuberung", die nur noch denjenigen Objekten einen gebührenden Platz einräumt, die erstens aufgrund des Motivs, der Darstellung und Technik für den Künstler charakteristisch sind, zweitens aus dessen starken Schaffensperioden stammen und sich drittens in einem Preisrahmen bewegen, der in vernünftigem Verhältnis zur Qualität steht. Das heißt,

Die „Marktsäuberung" der 90er Jahre

dass heute und in absehbarer Zeit erstklassige Arbeiten auch weiterhin rar und begehrt sein und problemlos ihre Käufer finden werden.

Gute Qualität ist immer verkäuflich

Die zweite Garnitur dagegen ist schwer und nur mit viel Geduld verkäuflich. Dabei beschränkt sich so genannte „erste Qualität" keineswegs nur auf einige wenige Spitzengemälde eines Künstlers, sondern beinhaltet selbstverständlich auch andere Techniken wie Aquarelle, Zeichnungen etc. Wichtig ist eben nur, dass das Objekt typisch ist und die Spannung und Ausstrahlung besitzt, die den jeweiligen Maler unverwechselbar und einzigartig machen. Eine Marktstagnation entsteht erfahrungsgemäß dadurch, dass sich viele Anbieter, die seinerzeit Durchschnittsqualität zu völlig überzogenen Preisen gekauft haben, nicht mit dem Wertverlust ihrer Werke abfinden wollen. Somit steht zwar genügend Kunst zum Verkauf, findet jedoch verständlicherweise weniger Abnehmer.

Von Stagnation kann allerdings heute keine Rede mehr sein. Immerhin wurde in Deutschland im Jahre 1999 allein in Galerien Kunst für rund drei Milliarden Mark verkauft. Und auch in den nächsten Jahren verspricht sich der Handel steigende Gewinne. Man kann also, vor allem auch im deutschsprachigen Raum, von einem äußerst lebhaften Markt sprechen.

Kunst als Investment – was ist gestiegen, was gefallen?

Kunst ist nicht nur Investment

Die Frage, ob man Kunst als Geldanlage kaufen soll, kann ich mit einem klaren „Ja" beantworten, außer wir sehen im Kunstsammeln nur den materiellen Gewinn. Was hieße, dass die Liebe zur Kunst, somit der gesamte emotionale Faktor, der den wahren Sammler auszeichnet, nicht relevant wäre. Sicherlich geschieht es immer wieder, dass Kunst wie Aktien international als nüchterne Ware gehandelt wird und wie wir wissen, haben einige Händler dabei horrende Summen verdient. Man denke dabei nur an die Schlagzeilen in der Vergangenheit über die spektakulären Ankäufe der Japaner. Aber genau genommen hat dies mit dem alltäglichen, realistischen Kunstmarkt etwa so wenig zu tun wie der Verkauf einer weltweiten Hotelkette mit dem deutschen Immobilienmarkt.

Aber wo liegt nun der richtige Weg für den Kunstkäufer? Zunächst kann dieser – unabhängig von Kriterien wie Preisgefüge und Wertstabilität – immer nur aus der Kunstrichtung bestehen, die den Sammler persönlich anspricht, ihn bewegt. Kein Händler, kein Berater kann einem Kunden diese Entscheidung abnehmen.

Ansonsten heißt die Regel aller Regeln „Qualität“. Bei guter Qualität musste man sich in der Vergangenheit über Wertverluste keine Sorgen machen. Hier ein Beispiel: Ein erstklassiges Blumenaquarell von Emil Nolde kostete im Durchschnitt im Jahre

Die Regel aller Regeln heißt „Qualität“

1970	DM	20.000,–
1980	DM	60.000,–
1990	DM	270.000,–
2000	DM	350.000,–

Dies hätte einem durchschnittlichen steuerfreien Wertzuwachs von ca. zehn Prozent pro Jahr entsprochen. Und bereits vor dreißig Jahren dachte man, das Preislimit wäre erreicht. Übrigens: Inzwischen werden für Nolde-Aquarelle vereinzelt Preise über 500.000 Mark erzielt!

Zehn Prozent Wertzuwachs pro Jahr

Der Vorteil klassischer Kunst, also der Arbeiten nicht mehr lebender Künstler, liegt im mangelnden Angebot. Da nichts mehr nachkommt, ist das Gesamtœuvre der jeweiligen Künstler übersichtlich, kalkulierbar, und die einzelnen Phasen in ihrer Bedeutung klar definiert. Zeitgenössische Kunst dagegen entsteht täglich neu und geht Wege, die niemand vorhersehen kann. Während der Preisanstieg bei klassischer Kunst im angemessenen Rahmen bleibt, kann sich junge Kunst explosionsartig nach oben entwickeln. Für Spekulanten ist dies sicher das interessantere Terrain, andererseits bleibt ein unkalkulierbares Risiko, das auf dem Gebiet der klassischen Kunst doch nur in sehr eingeschränkter Form vorhanden ist, wie die Vergangenheit bestätigt hat.

Jeder muss für sich selbst abwägen, wie wichtig ihm Wertsicherung und Marktentwicklung sind.

Für Karriere gibt es keine Garantie

Sicherlich kann man bei moderner Kunst dem geübten Auge vertrauen, eine Garantie für die künftige Karriere eines Künstlers jedoch gibt es nicht.

Kunstsammeln soll nicht primär den finanziellen Gewinn als Motivation haben, aber niemand verliert nun mal gerne Geld.

Klassische Kunst ist somit als sicheres, risikoarmes Investment besser geeignet, da sie sich auf die Fakten der vergangenen Jahre berufen kann, nämlich stete Steigerung bei guter Qualität.

IV. Risiken beim Kunstkauf

Was ist der „richtige“ Preis?

Der Laie hat oft die Vorstellung, dass ein hoher Preis bei einem Kunstwerk nur dann gerechtfertigt ist, wenn entsprechend Arbeit dahinter steckt. Also wenn nach kunsthandwerklichen oder akademischen Kriterien etwas Entsprechendes geleistet wurde. Spinnt man diesen Gedanken weiter und vergleicht ein Werk der bildenden Kunst mit einem Musikstück, müsste man sagen, dass eine lange Symfonie mehr Anerkennung verdient als eine kurze Sonate.

Nicht der Aufwand macht den Preis

Aber ist das wirklich so? Gleich hier kommt die persönliche Vorliebe des Sammlers ins Spiel, es gibt Liebhaber von Opern und von Kammermusik und niemand wird behaupten wollen, eine Oper sei etwas Wertvolleres als eine Klaviersonate, nur weil sie umfangreicher ist. Entscheidend ist, wie viel dem Kunstfreund die Freude am Kunstwerk wert ist.
Darüber hinaus gibt es natürlich Richtlinien: Bei der etablierten klassischen und alten

Kunst ist das Preisgefüge das Ergebnis eines langjährigen Nachfrage-Angebot-Spiels. Hier muss sich der Sammler nach dem Marktgeschehen richten, das durch die heute zur Verfügung stehenden technischen Mittel natürlich ungleich vernetzter und für jedermann leichter zugänglich ist als noch vor einigen Jahren. Man kann sich problemlos über die weltweiten Auktionen informieren.

Informationen im Internet

Im Internet (www.artnet.com) erhält man je nach den gewünschten Kriterien, Informationen über auf dem Markt verfügbare Künstler und Werke sowie Auktionsergebnisse der letzten Jahre.

Hier ein Beispiel für die Eingabe bei der Online-Suche mit bestimmten Wunsch-Kenndaten, die sich sehr spezifisch eingrenzen lassen. Gesucht werden z. B. vergleichbare Arbeiten zu einem Gemälde von Kandinsky aus dem Jahre 1933, Maße 80 x 60 cm, Öl auf Leinwand.

Die Suchkriterien wären dann wie folgt:

Kandinsky

⇩

Ölgemälde

⇩

1. Hälfte 30er Jahre

⇩

großformatig

Doch zurück zu den erschwinglichen Objekten unbekannterer Künstler. Also zu Bildern, die einem persönlich gefallen, die jedoch in keiner festen Preiskategorie unterzubringen sind, weil kein Markt besteht und die Vergleichsmöglichkeiten fehlen. Galeristen, die einen Künstler aufbauen, arbeiten meist mit dem so genannten „Preis-Faktor". Das heißt, es werden Höhe und Breite des Bildes addiert und mit einem Schlüsselkoeffizienten multipliziert, die Summe ergibt dann den Endpreis. Dieser Koeffizient liegt je nach Bekanntheitsgrad des Künstlers etwa zwischen 20 und 50. Dieser Faktor soll nur ein Hilfsmittel zur Preisgestaltung sein. Er ist keine offizielle Größe, hat sich jedoch vor allem im zeitgenössischen Handel bewährt.

Der „Preis-Faktor" der Galeristen

Beispiel: Ein Bild misst 60 x 80 cm, also 60 + 80 = 140. Man nimmt jetzt z. B. einen Faktor von 35, d. h. 140 x 35 = DM 4.900,– als Endpreis. Für die Festlegung des Faktors ist entscheidend, an welchen Ausstellungen der Künstler bisher teilgenommen hat, welche Erfolge er bislang vorweisen kann, ob seine Werke in wichtigen Sammlungen hängen etc. Wird – wie in diesem Beispielfall – ein Faktor von 35 angewandt, muss der Künstler schon eine gewisse Popularität haben, zumindest regional.

Ein Beispiel für die Preisberechnung

Die Preisabstufung nach Maltechnik

Ein weiteres entscheidendes Kriterium für das Preisniveau ist außerdem die Technik, in der das Werk ausgeführt ist. Es gilt innerhalb eines Œuvres im Allgemeinen die Abstufung von Öl oder Acryl über Mischtechniken/Gouache, zu Aquarell bis zur Zeichnung. Innerhalb dieser Abstufung ist zu beachten, ob es sich um ein fertig ausgemaltes Bild oder eine Skizze bzw. Studie handelt, was wiederum den Preis mindert.

Also zusammengefasst: Bei etablierter Kunst gilt es, das Marktgeschehen zu beobachten. Als hilfreiche Literatur kann hierzu das einmal jährlich erscheinende Kunstpreis-Jahrbuch vom Weltkunst Verlag München empfohlen werden. Bei junger, noch unbekannter Kunst, kann das erwähnte Faktorsystem als grobe Orientierung dienen.

Wie erkennt man Fälschungen?

Im Gegensatz zur legalen Kopie ist die Fälschung vorsätzlich darauf ausgerichtet, den Käufer zu täuschen. Fälschungen sind nicht unbedingt Kopien existierender Bilder, sondern oft auch dem Werk des Künstlers nachempfundene „ähnliche" Arbeiten. Die Signatur und sonstige Bezeichnungen sind zudem von fremder Hand aufgetragen. Gute Fälschungen kann der Laie in den meisten Fällen nicht vom echten Kunstwerk unterscheiden. Typische Stilelemente des Künstlers wie die Art des Farbauftrags, die Materialien (Leinwand, Papier etc.) und vor allem die Signatur werden minuziös kopiert, sodass auch für den Kenner bei oberflächlicher Betrachtung kein klares Urteil möglich ist.

Wie man sich vor Fälschungen schützen kann, wird anschließend im Kapitel über Experten – Sachverständige – Prüfstellen behandelt. Was aber sind klare Indizien für Fälschungen, wann sollte sozusagen die Warnlampe leuchten?

Wann leuchtet die Warnlampe?

Erstens natürlich, wie bei allen unseriösen Angeboten, wenn der Preis gravierend unter dem Marktniveau liegt. Jeder, der ein teures Kunstwerk anbietet, informiert sich zumin-

Das Billigangebot ist ein Indiz

dest einigermaßen über das gängige Preisniveau. Es muss also stutzig machen, wenn hier nur ein Bruchteil des Üblichen verlangt wird.

Die Provenienz, die Vergangenheit des Bildes

Zweitens die „Provenienz", die Vergangenheit eines Bildes (Beispiel siehe Anlage, Seite 107). Die alte Geschichte, dass bei der verstorbenen Erbtante auf dem Dachboden plötzlich ein Renoir gefunden wurde, von dem bisher keiner etwas wusste, wird eigentlich niemanden mehr überzeugen. Es gibt zwar – gerade im Altmeisterbereich – Fälle, dass Kunstwerke über Generationen, also auch über Jahrhunderte, im Besitz einer Familie bleiben. Doch auch dann sind im Allgemeinen Unterlagen oder Schriftwechsel über Versicherungen, Gutachten, Restaurierungen etc. vorhanden. Nach der Wiedervereinigung wird auch die Öffnung des Ostens als Vorwand genommen, wenn Kunstwerke nicht über die erforderlichen Unterlagen verfügen. Das Argument, man „kannte sich dort eben nicht so aus" und habe „sich um solche Dinge nicht gekümmert", muss man mit größter Skepsis behandeln.

Die Provenienz sollte zumindest teilweise Stationen des Werkes nachweisbar aufzeigen. Vielleicht wurde es als Leihgabe in Ausstellungen oder an Museen gegeben, was man dann anhand der entsprechenden Kataloge zweifelsfrei belegen kann. Auch Händler oder Auktionshäuser, die früher mit dem Verkauf betraut waren, können zur Absicherung kontaktiert werden.

Die Ruine – oder: Was darf restauriert sein?

Grundsätzlich ist bei Restaurierungen natürlich zwischen den verschiedenen Gegebenheiten bei Ölgemälden, Papierarbeiten und Druckgrafik zu unterscheiden.

Kleine Retuschen sind kein Manko

Bleiben wir zunächst bei den Ölgemälden. Hier unterscheidet man wieder zwischen einer kleinen Retusche oder auch mehreren unbedeutenden Ausbesserungen und der umfassenden Gesamtrestaurierung des ganzen Bildes. Retuschen durch Absplitterungen im Laufe der Zeit bzw. durch kleine mechanische Einwirkungen sind selbstverständlich und stellen keine nennenswerte Wertminderung dar. Eine Gesamtrestaurierung allerdings, die also großflächig mit der UV-Lampe sichtbar ist, lässt das Bild natürlich in eine ganz andere Preiskategorie abfallen.

Ein beliebtes, aber nicht fachgerechtes Mittel ist im Altmeisterbereich auch das Aufbringen einer Spezialfirnis, um Retuschen und Übermalungen zu verdecken. Diese Schicht lässt für den Betrachter die Farben und den Gesamtzustand hervorragend aussehen, stellt sich aber unter der UV-Lampe als ein flächiger „grüner Brei“ dar.

Entsprechende Untersuchungen werden im spezialisierten Handel und bei Museumsprüfstellen auf Wunsch durchgeführt.

Die Prüfung der Leinwand

Natürlich muss auch die Leinwand als solche betrachtet werden, vor allem von hinten auf Beschädigungen hin. Oft werden Risse oder Löcher zugekleistert, dies ist dann relativ leicht von hinten zu erkennen, durch die nicht mehr vorhandene Gewebestruktur in diesen Bereichen.

Die Doublierung – Schutz oder Täuschung?

Wenn die ursprüngliche Leinwand nachträglich auf einem neuen Trägergewebe befestigt wurde, spricht man von Doublierung. Hier ist entscheidend, was der Grund für diese Maßnahme war. Wurde bei alten Gemälden die brüchig gewordene Originalleinwand durch eine Stützleinwand stabilisiert, muss dies den Wert des Bildes nicht mindern. Anders sieht es aus, wenn die Abdeckleinwand aufgebracht wurde, um Risse, Löcher und sonstige Beschädigungen zu vertuschen. Diese sind dann zwar mit bloßem Auge nicht mehr erkennbar, aber durchaus bei genauer Betrachtung mit der UV-Lampe.

Vorsicht ist auch geboten bei „hochglanzlackierten" Gemälden. Hier wird oft von schlechten Restaurierungswerkstätten eine Glanzfirnis aufgebracht, die ebenfalls Mängel vertuschen soll und zudem die plastische

natürliche und ursprüngliche Wirkung des Bildes erheblich mindert.
Besonderes Augenmerk ist auch auf die Umgebung der Signatur zu legen. Eventuelle Farb- oder Auftragsveränderungen können auf Manipulation an der Bezeichnung schließen lassen.

Unsachgemäße Reinigung schadet nur

Wenn der Verkäufer stolz erzählt, er hätte das Bild intensiv reinigen lassen, muss das nicht unbedingt ein Vorteil sein. Bei unsachgemäßer Reinigung verändert sich der natürliche seidige Glanz der Ölfarbe. Das Bild wirkt fahl und blass, wobei dann oft zu allem Übel, um diesen Fehler wieder rückgängig zu machen, die oben erwähnte Hochglanzfirnis aufgebracht wird.
Noch ein Wort zu dem Keilrahmen, also dem Holzrahmen, auf dem die Leinwand aufgezogen ist. Natürlich ist es immer besser, wenn alle Teile des Bildes original sind. Soweit die Leinwand aber fachgerecht auf einem neuen Keilrahmen befestigt wurde, muss dies kein gravierender Nachteil sein. Bei Ölgemälden auf Holz ist auf Spannungsrisse im Holz zu achten, die auf Lagerung bei falscher Luftfeuchtigkeit schließen lassen. Auch hier ist letztendlich entscheidend, wie professionell dadurch verursachte Absplitterungen des Farbauftrags wiederhergestellt wurden.

Bei der Restaurierung von Papierarbeiten, also Aquarellen, Gouachen, Zeichnungen und Pastellen muss man auf andere Kriterien achten. Eine Papierarbeit – zumindest ab einem gewissen Wert – sollte man vor dem Kauf immer aus dem Rahmen nehmen, das Passepartout abheben und die Rückseite des Blattes einer Prüfung auf eventuelle Beschädigungen unterziehen. Leider verwenden noch immer nicht alle Rahmungsfirmen säurefreies Papier für Passepartout-Rückdeckel und säurefreie Klebestreifen, sodass im Laufe der Zeit gravierende Farbveränderungen auf dem Blatt die Folge sind. Passepartouts decken ja in vielen Fällen den Rand des Blattes ab, also muss man unbedingt prüfen, ob die verdeckte Partie Farbveränderungen gegenüber der Blattmitte aufweist. Ursache hierfür ist die UV-Licht-Einwirkung an einem zu hellen Hängungsort. Kleine Falze, minimale Randeinrisse oder Löcher von Reißzwecken an den Ecken eines Blattes sind keine Katastrophe, zumal diese vielleicht bereits zur Entstehungszeit vorhanden waren. Natürlich ist ein makelloser Zustand immer vorzuziehen und wertet das Bild nochmals auf.

Bei Papierarbeiten auch die Rückseite prüfen

Jetzt noch ein Wort zu Druckgrafik. Im Gegensatz zu den Unikaten ist bei Druckgrafik der perfekte und jungfräuliche Zustand abso-

Druckgrafik muss makellos sein

lut preisentscheidend. Wichtig ist der unbeschädigte Rand ohne Falze und Risse. Außerdem ist zu prüfen, ob der Farbzustand der Vorlage oder anderen Exemplaren der gleichen Serie entspricht. Hierzu kann man sich der entsprechenden Literatur bedienen oder Abbildungen in Auktionskatalogen vergleichen.

Die Zeit hinterlässt ihre Spuren

Abschließend ist zu sagen, dass Bilder, die teilweise Kriege und den Kontakt mit vielen Generationen überstanden haben, natürlicherweise auch entsprechende Gebrauchsspuren aufweisen. Entscheidend ist, welche Fehler voraussichtlich schon zur Entstehungszeit vorhanden waren und wie viel zu späterer Zeit manipuliert wurde. Viele Künstler durchlebten schlimme finanzielle Tiefpunkte und konnten sich in dieser Zeit nur das billigste Material leisten. So wurde eben dann statt auf teurer Leinwand auf Presspappe gemalt und statt hochwertigem Bütten Notizblocks oder Packpapier genommen. Der Punkt ist, ob der ursprüngliche und unverfälschte Charakter des Bildes erhalten wurde, das Objekt also wie aus einem Guss wirkt.

V. Experten – Sachverständige – Prüfstellen. Wohin wende ich mich?

Der jeweilige „Papst"

Es kommt immer wieder vor: Im Familien- oder Bekanntenkreis taucht ein Kunstwerk auf und der Händler oder Kunsthistoriker soll „ein Auge darauf werfen" und ein Urteil abgeben, das meist mit Spannung erwartet wird. Doch so einfach ist das Beurteilen von Kunstwerken nicht, sodass man die kritische Beurteilung auf jeden Fall Fachleuten überlassen muss.

Sachverständiger und Experte haben unterschiedliche Aufgaben

Oft genug werden außerdem landläufig zwei Berufsbezeichnungen verwechselt: der Kunstsachverständige und der Experte. Beide haben völlig verschiedene Aufgaben.

Der Kunstsachverständige befasst sich einerseits mit Schätzungen, also mit Aussagen über den Wert eines Kunstwerkes. Andererseits gibt es Restaurierungsfälle, bei denen er vorher konsultiert wird: Er macht Schadensbeurteilungen, legt also die Wertminderung fest, die ein Kunstwerk durch Beschädigungen erfahren hat. Der Sachverständige wird sich aber nicht mit Fragen der Echtheit eines Bildes befassen.

Der Experte hat detailliertes Wissen über Leben und Umfeld des Künstlers

Der Experte kennt Leben und Werk eines Künstlers minuziös und hat außerdem ein großes Wissen über dessen kulturelles Umfeld. Experte kann ein Freund des Künstlers sein oder ein Familienmitglied, vielleicht auch auch ein besonders engagierter Sammler – oder der Galerist bzw. Nachlassverwalter. Oft gibt es weltweit für einen Künstler nur einen oder wenige Experten, manchmal auch jahrzehntelang gar keinen, der offiziell anerkannt ist. Jedenfalls muss dieser Fachmann ein einzigartiges Wissen über das Œuvre des Betreffenden haben, denn an ihm liegt es zu entscheiden, welchen Stellenwert ein Werk im Gesamtschaffen hat. Von ihm wird erwartet, dass er das echte Werk erkennt und beurteilt, aber auch, dass er eine brillant gemachte Fälschung vom Original unterscheiden kann. Die Kriterien für diese Entscheidung sind einerseits durchaus objektiv (Strich, Art des Farbauftrags, Kompositionseigenarten, Signatur), andererseits gibt es schon Kopien, die vom Original auch nach näherer Untersuchung nicht zu unterscheiden sind. Ein guter Experte vermutet die Kopie, bleibt eine Erklärung für dieses Urteil allerdings vielleicht

schuldig: Seine Intuition, verbunden mit viel Erfahrung sagt ihm, dass hier etwas „nicht stimmt“. Er bezeichnet das Bild in diesen Fällen nicht als „gefälscht“, lehnt jedoch die Erstellung einer Expertise ab, was praktisch auf dasselbe hinausläuft – nämlich dem Werk die Authentizität abzuerkennen.
Name und Anschrift der geeigneten und anerkannten Experten können bei Auktionshäusern, Museen und im Handel erfragt werden.

Museen und Prüfstellen

Natürlich kann es nicht für jeden Künstler einen international anerkannten Experten geben. Oft wird hier eine Künstlergruppe, ein bestimmter Malstil bzw. eine Zeitepoche zusammengefasst, für die dann ein Experte zuständig ist. Es muss natürlich auch nicht immer nur eine Person sein, die „Monopolstellungen" sind eher Ausnahmen. Wenn man wissen will, um was es sich bei dem in Familienbesitz befindlichen Gemälde handelt und erst einmal generelle Informationen darüber haben möchte, sollte man die kostenlosen Sprechstunden nutzen, die in vielen Museen zur beliebten Einrichtung geworden sind. Hier erfährt man, welchem Künstlerkreis das Bild zuzuordnen ist, falls eine Signatur nicht lesbar oder gar nicht vorhanden ist. Auch werden hier Angaben über Qualität und Zustand der Arbeit gemacht und, soweit in der kurzen Zeit möglich, leider auch manchmal die enttäuschende Feststellung, dass das Werk nicht echt ist. Jedenfalls kann man so, fürs Erste gewappnet, eventuelle Verkaufsbemühungen gezielter angehen. Auf eine Wertangabe lassen sich die Museumsgutachter meist nicht festlegen, im einen

Sprechstunden in Museen geben ersten Aufschluss

oder anderen Fall erfährt man jedoch eine gewisse Größenordnung.
Zur weiteren Eingrenzung des derzeitigen Wertes kann man das Kunstwerk auch unverbindlich einem Auktionshaus anbieten. Der hier genannte Schätzpreis kann im Allgemeinen als unterer Basiswert betrachtet werden, der beim reellen Verkauf allerdings deutlich höher ausfallen sollte. Auch ein Galerist versucht vielleicht erst, das Bild weiter unten anzusetzen, um bei den folgenden Verkaufsverhandlungen noch etwas Reserven nach oben zu haben. Grundsätzlich ist es wie beim Arzt: Man sollte sich nicht mit einer Meinung zufrieden geben, sondern mehrere kompetente Stimmen hören, um schließlich den richtigen Mittelweg zu finden. Wie bereits erwähnt, lässt sich Kunst nun mal nicht in präzise Schubladen einteilen. Die Meinungen zu einem Kunstwerk sind immer an subjektive Emotionen gekoppelt und können daher sehr unterschiedlich sein.

Das Auktionshaus schätzt den Wert

Die Expertise: Ausführung/Inhalt/Kosten

Die Expertise ist eine subjektive Meinung

Die Expertise (Mustertext im Anhang Seite 108) ist, wie schon der Name sagt, ein Gutachten des für den Künstler zuständigen Experten, in welchem er seine persönliche Meinung zu dem Kunstwerk wiedergibt. Da es sich um subjektive Eindrücke handelt, ist der Text der Expertise nie so verfasst, dass Echtheit und Authentizität des Werkes garantiert oder zweifelsfrei bestätigt werden. Gängige Formulierungen sind z. B. „ist meiner Meinung nach ein eigenhändiges Werk des Malers XY", „ist meines Erachtens aus der Hand …" oder „halte ich für ein eigenhändiges Werk …". Eine hundertprozentige und unwiderrufbare Echtheit könnte schließlich nur der Künstler selbst bestätigen, was im zeitgenössischen Bereich auch gemacht wird. In den meisten Fällen ist die Expertise auf der Rückseite eines Fotos handgeschrieben verfasst, wegen der besseren Detailwiedergabe verwendet man vorzugsweise Schwarzweißfotos. Der Text enthält folgende Punkte:

Die Bestandteile einer Expertise

- genaue Beschreibung des Bildes mit Titel, Maßen, Art der Signatur etc.,
- die subjektive Bestätigung der Echtheit,

- Hinweise auf Literatur bzw. in Entstehung befindliche Verzeichnisse oder Nachträge, in denen das Bild aufgeführt ist oder aufgenommen wird,
- Ort und Datum der Erstellung,
- eigenhändige Unterschrift, evtl. mit Nachlass-Stempel oder Ähnlichem.

Zusätzlich kann die Expertise Hinweise auf den Allgemeinzustand zum Zeitpunkt der Prüfung enthalten sowie auf Restaurierungen, Fehler des Bildes und Eingriffe von fremder Hand eingehen. Auch kann der Experte bei dieser Gelegenheit eine nähere Zuordnung des Sujets vornehmen, beispielsweise eingrenzen, wo diese Landschaft gemalt wurde, in welchem Haus dieses Interieur entstand oder um wen es sich bei diesem Porträt handelt.

Literatur und Werkverzeichnis

Literaturangaben gehören ab einer bestimmten Preiskategorie zu einem Kunstwerk wie Provenienz und die Expertise. Hierunter versteht man alle wichtigen schriftlich festgehaltenen Stationen und Katalogisierungen des Bildes. Der ideale Fall ist, wenn das Werk mit Abbildung im offiziellen Werkverzeichnis über den Maler enthalten ist. Hier liegt die Betonung auf offiziell, denn gerade bei großen internationalen Künstlern gibt es Hunderte von attraktiv gestalteten Bildbänden, die meist preisgünstig im Buchhandel zu finden sind. Hierin erfährt man einiges über das Leben des Künstlers und sieht einen Querschnitt des Œuvres, wobei die Abbildungen aus Museen, Privatbesitz, Nachlass etc. entliehen sind.

Das Werkverzeichnis ist das Archiv des Künstlers

Im Gegensatz hierzu erhebt das wissenschaftlich und mit großem Aufwand erarbeitete Werkverzeichnis Anspruch auf Vollständigkeit und ist eine komplette Archivierung der zum Zeitpunkt der Fertigstellung bekannten Arbeiten des Künstlers. Oft beschränken sich Werkverzeichnisse nur auf eine Technik des Malers, z. B. Ölgemälde, Aquarelle, Zeichnungen etc. Diese Werkverzeichnisse erhält man im Fachhandel, soweit sie noch lieferbar sind. Ansonsten kann man sie in großen Bibliotheken einsehen. Wie bei allem Geschriebenen sind auch nicht alle Werksverzeichnisse unumstritten. Hier muss von Fall zu Fall abgewogen werden, ob der Abdruck im Verzeichnis ausreichend ist oder noch eine separate Expertise eingeholt werden sollte.

Die Literatur zeigt wichtige Stationen auf

Weitere Literaturangaben sind evtl. Registrierungsnummern des von einer Nachlassverwaltung geführten Künstlerarchivs oder Hinweise auf Ausstellungen, in denen das Bild hing (Katalog/Seite/Abbildung). Auch Angaben über frühere Auktionen oder Kunstmessen mit den entsprechenden Katalogdaten können wichtig sein. Wenn das Bild zudem als Leihgabe in einem bedeutenden Museum hing, ist dies natürlich immer eine willkommene Aufwertung. Um die genannten Literaturangaben zweifelsfrei nachzuprüfen, kann man in Bibliotheken die Quellen einsehen und die betreffenden Seiten zur Vervollständigung der eigenen Unterlagen kopieren.

Wie geht man nun vor?

Die Bedingungen vorher abklären

Zunächst kann man bei einem Auktionshaus oder im Handel Namen und Anschrift des zuständigen Experten erfragen. In einem Telefongespräch sollte dann erst einmal vorab geklärt werden, welche Unterlagen zur Erstellung der Expertise notwendig sind. Nicht immer muss das Original vorgelegt werden, unter Umständen genügt auch gutes Fotomaterial, z. B. wenn das Bild bereits archiviert oder aus der Literatur bekannt ist. Hilfreich für den Experten sind natürlich immer Angaben zur Provenienz, um anhand früherer Stationen den Weg des Bildes besser nachvollziehen zu können. Unbedingt vorab zu klären ist die Frage, was mit dem Kunstwerk, soweit es vorgelegt werden muss, im Falle einer Ablehnung geschieht – da manche Experten sich nicht scheuen, in diesem Fall die Signatur zu entfernen und das Werk mit der Aufschrift „Fälschung" zu versehen! So ist man in jedem Fall gut beraten, auch diesen Punkt vorher zu besprechen, um später keine unliebsame Überraschung zu erleben. Das Gleiche gilt für die Kosten, die je nach Experten und abhängig vom Aufwand bis zu mehreren tausend Mark betragen können und stark variieren.

Erst das Honorar besprechen

Nach Erstellung der Expertise bleibt ein Duplikat im Archiv, sodass bei Verlust ohne größere Umstände eine Zweitschrift erstellt werden kann.
Zuletzt noch ein Tipp: Originalexpertisen sollte man nie am gleichen Ort wie das Bild aufbewahren, sondern am besten im Banksafe, beim Rechtsanwalt oder an ähnlich sicheren Orten. Im Einbruchsfall wäre dies sonst vergleichbar mit dem Diebstahl eines Autos, bei dem der KFZ-Brief im Handschuhfach liegt.

Expertisen immer getrennt aufbewahren

VI. Recht und Gesetz beim Kunstkauf

Mängel und Fehler eines Bildes

Wer bei einem seriösen Händler mit langjähriger Marktpräsenz kauft, wird diesen Fall kaum erleben: Ein Kunstliebhaber erwirbt ein Werk im Glauben, es sei ein Gemälde von Picasso. Einige Zeit später stellt sich heraus, dass das Werk eine Fälschung ist. Juristisch gesprochen liegt hier ein Sachmangel vor, bei dem zunächst die Verjährungsfristen zu beachten sind. Wer den Mangel später als sechs Monate nach dem Kauf entdeckt, kann den Verkäufer nicht haftbar machen – es sei denn, der hat den Mangel arglistig verschwiegen, was in der Regel schwer nachweisbar ist. Dann allerdings tritt erst nach dreißig Jahren die Verjährung ein.

Die Verjährungsfrist ist entscheidend

Fazit: Ein Käufer ist gut beraten, wenn er mit seinem Händler (schriftlich!) eine Verlängerung der Verjährungsfrist festlegt, was z. B. auf der Rechnung vermerkt werden kann.

In Umsetzung von EG-Richtlinien wird zurzeit ein Gesetzentwurf erarbeitet, der die Verlängerung der Verjährungsfrist von sechs Monaten auf drei Jahre vorsieht.

Wann besteht Anspruch auf Schadensersatz?

Wenn innerhalb der Verjährungsfrist die Echtheit des Werkes von kompetenter Seite bestritten wird, möchte der Käufer nicht nur den Kauf rückgängig machen (wandeln), sondern unter Umständen auch Schadensersatz verlangen. Hier unterscheidet das Gesetz zwischen Fehler und fehlender zugesicherter Eigenschaft. Wird die Unechtheit des Werkes als Fehler angesehen, kann man den Kaufvertrag rückgängig machen. Schadensersatz gibt es beim Fehler, wenn dieser arglistig verschwiegen wurde. Im Übrigen kann Schadensersatz nur verlangt werden, wenn die so genannte zugesicherte Eigenschaft fehlt, was beispielsweise dann der Fall ist, wenn die zum Werk gehörende Expertise falsch oder gefälscht ist.

Wichtig ist außerdem: Ein Kaufvertrag kann nicht wegen Irrtums über so genannte verkehrswesentliche Eigenschaften angefochten werden. Das Argument des Käufers, „hätte ich gewusst, dass das Werk einen Fehler hat bzw., dass die zugesicherte Eigenschaft fehlt, hätte ich es nicht gekauft“ ermöglicht keine Anfechtung des Kaufvertrages. Stattdessen muss der Käufer prüfen, ob er die vorgenannten Ansprüche wegen Sachmangels hat.

Haftung des Verkäufers

Inwieweit haftet der Verkäufer für die Herkunft des Kunstwerkes? Woher weiß ich, dass das Gemälde, das ich erwerben möchte, nicht vor kurzem gestohlen wurde und Hehlerware ist? Nach deutschem Zivilrecht ist ein gutgläubiger Erwerb an gestohlenen Sachen nicht möglich. Die gestohlene Sache bleibt im Eigentum des Bestohlenen und wer sie „erworben" hat, kann von diesem im Fall der Entdeckung des Diebstahls die Erstattung des Kaufpreises nicht verlangen. Vielmehr ist die Ware dem rechtmäßigen Eigentümer zurückzugeben. Das Kunstwerk hat in diesem Fall keinen Sachmangel, sondern einen Rechtsmangel – es durfte und konnte gar nicht verkauft werden.

Gutgläubiger Erwerb schützt nicht

Welche Ansprüche hat nun der Käufer eines gestohlenen Kunstgegenstands?

Zunächst muss er das Werk zurückgeben. Dann kann er vom Verkäufer Schadensersatz wegen Nichterfüllung verlangen oder vom Kaufvertrag zurücktreten. In beiden Fällen erhält er den Kaufpreis zurück. Bei Schadensersatz kann der Käufer zusätzlich auch entgangenen Gewinn geltend machen, beispielsweise wenn er (als Kunsthändler) das Werk

Schadensersatz verjährt nach dreißig Jahren

schon weiterverkauft hat und es seinerseits zurücknehmen muss. Der Anspruch auf Schadensersatz verjährt erst nach dreißig Jahren. Der Käufer muss allerdings den Rechtsmangel beweisen können, wenn der Verkäufer ihn bestreitet.

Diese rechtliche Situation im Diebstahlsfall macht eines deutlich: Der Besitzer eines Kunstwerkes muss, wenn er bestohlen wurde, nachweisen können, dass er der Eigentümer des Werkes ist. Dazu dient eine Auflistung, wie sie im folgenden Kapitel beschrieben wird.

Versicherung von Kunstgegenständen

Diese Sammlungsdokumentation spielt auch bei der Frage eine Rolle, wie man seine Kunstwerke versichert. Eine erweiterte Hausratversicherung schützt vor Verlusten durch Feuer, Einbruchdiebstahl, Wasserrohrbruch, Glasbruch und Sturm. Kunstgegenstände und Antiquitäten sowie echte Teppiche sind bei der Hausratversicherung meist nur bis zu 20 Prozent der Versicherungssumme zuschlagsfrei mitversichert. Für höhere Werte ist bei Bedarf noch einmal ein Zuschlag fällig. Die Versicherbarkeit in Abhängigkeit zur Höhe der zu versichernden Werte hängt von der Sicherheit der Räumlichkeiten ab. Sehr gute Sicherheitsverhältnisse honorieren die Versicherer mit Prämiennachlässen.

Wertvolle Objekte müssen aufgelistet werden

Für Einzelstücke (teilweise ab einem Wert von 5000,– Mark) und Sammlungen verlangen Versicherungen zur Wertermittlung Auflistungen der Kunstobjekte. Zu jedem Kunstwerk/Gemälde sind folgende Angaben wichtig: kurze Beschreibung des Gegenstands, Name des Künstlers, Titel des Gemäldes, Abmessungen, Material und Technik, Art des Rahmens, besondere Merkmale. Zur Dokumentation der Provenienz dienen Rechnungen, Expertisen und Restaurationsberichte.

Fotos helfen im Schadensfall

Sinnvoll ist außerdem, eine Sammlung fotografisch zu dokumentieren. Man fotografiert kleine Gegenstände vor einem hellen Hintergrund, Schmuck vor dunklem Hintergrund mit danebenliegendem Lineal und Gemälde an Ort und Stelle hängend. Wichtige Details wie Signaturen, Stempel, Schäden usw. sollten als Detail festgehalten und diese Dokumentenmappe außerhalb der Wohnung aufbewahrt werden.

Die Allgefahrenversicherung schützt zusätzlich

Eine Hand voll Versicherer bietet ihren Kunden neben der bereits beschriebenen Standarddeckung für die Zielgruppe „vermögender Privathaushalt" eine spezielle Deckung in Form einer so genannten Allgefahrenversicherung für Kunst und Hausrat an. Versichert ist dann der gesamte Hausrat gegen unvorhergesehene Zerstörung, Beschädigung und Abhandenkommen. Ob die Putzfrau beim Abstauben Gemälde herunterfegt, ein Gast einen Rotweinfleck im Perserteppich hinterlässt oder man selbst aus Versehen die wertvolle Porzellanvase zerschlägt – derjenige, der eine solche Versicherung abgeschlossen hat, ist immer auf der sicheren Seite. Ausgenommen ist wenig (z. B. Krieg, Vorsatz, Verschleiß). Teilweise verfügen diese Versicherer auch über eigene Kunstsachverständige, die für ihre Kunden kostenlos Wertgutachten als Vertragsgrundlage erstellen. Und auch nach Vertragsabschluss stehen die Kunstsachverständigen mit Rat und Tat rund um das Thema Kunst zur Seite.

Das Art-Loss-Register fahndet nach gestohlenen Kunstgegenständen

Ein internationales Register für gestohlene Kunstgegenstände ist das Art-Loss-Register. Sofern der Versicherer Mitglied im Art-Loss-Register ist, bringt das seinen Kunden einen weiteren wichtigen Vorteil. Aufgabe und Ziel des Art-Loss-Registers ist es nämlich, in Zusammenarbeit mit namhaften Kunstinstitutionen und Fahndungsprofis wie FBI und Scotland Yard erfolgreich nach verschwundenen Kunstgegenständen zu fahnden.

VII. Auktionshaus – Galerie – Privathandel. Wo soll ich kaufen und verkaufen?

Die Auktion: Chancen und Risiken

Ablauf und Spielregeln einer Auktion sind für viele Kunstliebhaber immer noch ein Buch mit sieben Siegeln. Dabei gilt es nur einige Fachbegriffe richtig zu verstehen und das Für und Wider abzuwägen, damit die Auktion nicht zu einem riskanten Weg ins Ungewisse führt. Hier zunächst die wichtigsten Begriffe.

Der Schätzpreis liegt unter dem Marktwert

Schätzpreis Den im Auktionskatalog unter der Bildbeschreibung angegebenen Betrag (z. B. DM 30.000,– bis DM 35.000,–) nennt man Schätzpreis. Er dient lediglich als Anhaltspunkt und ist meist nur eine subjektive, unter dem Marktwert angesetzte Einschätzung des Versteigerers, um breites Interesse an dem Objekt zu wecken.

Aufrufpreis Die unterste Summe, mit der das Objekt aufgerufen wird, nennt man Aufrufpreis. Er liegt immer deutlich unter dem Schätzpreis. Der Abstand zum Schätzpreis variiert je nach Auktionshaus.

Zuschlag Unter Zuschlag versteht man den Nettobetrag, zu dem das Objekt verkauft wird. Der Zuschlag kommt zustande, wenn nach dreimaligem Aufruf kein höheres Gebot mehr erfolgt.

Das Limit muss mindestens erzielt werden

Limit Das Limit ist der zwischen Auktionshaus und Einlieferer vereinbarte, zu erzielende Mindestbetrag, unter dem das Kunstwerk während der Auktion nicht verkauft werden darf. Unterschritten werden kann das Limit nur beim so genannten Nachverkauf, einer separaten, individuellen Verhandlung nach der Auktion. Hier kann der Einlieferer von Fall zu Fall entscheiden, ob er auf Angebote der Kaufinteressenten eingehen möchte oder nicht.

Das Aufgeld ist die Provision

Aufgeld Auf die Zuschlagssumme wird zusätzlich ein Aufgeld erhoben, sozusagen die Provision für das Auktionshaus, das je nach Geschäftsbedingungen etwa zwischen 10 und 25 Prozent liegt. Es ist vom Käufer zu zahlen. Zusätzlich zahlt der Einlieferer noch eine in der Höhe verhandelbare Provision. Um bei der Abrechnung nicht von unvorhergesehenen Kosten überrascht zu werden (Transport, Versicherung etc.), ist es für den Einlieferer ratsam, einen Nettoerlös zu vereinbaren, der bereits alles beinhaltet. Schließlich kommt noch die Umsatzsteuer hinzu, wobei Kunstwerke dem ermäßigten Satz von zurzeit sieben Prozent unterliegen.

Am besten einen Nettobetrag vereinbaren

Der verlockende Vorteil einer Auktion ist für den Einlieferer vor allem die Chance, dass sein Kunstwerk bei der richtigen Konstellation einen weit höheren Preis erzielen kann, als er vom Händler dafür bekäme. Weitere Vorteile sind, dass bereits mit Versenden der Kataloge ein breites Interessentensegment abgedeckt wird und schließlich die professionelle und klar definierte Abwicklung des Geschäftes. Außerdem hat der Einlieferer praktisch keinen Arbeitsaufwand.

Für den Käufer bietet sich wiederum die Möglichkeit, gerade in kleineren Auktionshäusern gute „Schnäppchen“ zu machen, beispielsweise, wenn gerade nicht das richtige Publikum für das begehrte Kunstwerk anwesend ist. So hat man gute Chancen, bei einem Auktionshaus, das beispielsweise schwerpunktmäßig auf Alte Kunst spezialisiert ist, ein modernes Bild günstig zu erwerben.

Natürlich birgt der Weg über die Auktion auch Risiken. Obwohl dem Einlieferer immer die Hoffnung gemacht wird, dass der Schätzpreis sicher überschritten wird, kann der Zuschlag natürlich auch bereits beim Limit erfolgen, was dann ein Ergebnis unter dem üblichen Marktwert bedeutet. Außerdem können möglicherweise, um das Preisniveau des Kataloges homogen zu halten, vom Auktionshaus kurzfristige Änderungen des Schätzpreises bzw. Limits gefordert werden. Außerdem muss sich der Einlieferer darüber im Klaren sein, dass immer nur ein Teil des Katalogangebots letztendlich auch verkauft wird. Selbst bei namhaften Auktionshäusern kommt es vor, dass 80 Prozent der Objekte liegen bleiben.

Ein Kunstwerk ist schnell „verbrannt“

Für den Kunstmarkt gilt ein auf der Auktion unverkauftes Bild schnell als „verbrannt“ und verliert damit entscheidend an Attraktivität. Die Marktfrische eines Kunstgegenstandes ist von enormer Wichtigkeit, was vielen Sammlern oft nicht bewusst ist.

Für den Käufer besteht die Gefahr, dass er sich von der spannungsgeladenen Atmosphäre und den Mitbietern hinreißen lässt, dem „Objekt der Begierde" in unrealistische Preisregionen zu folgen. Wenn der Zuschlag dann jenseits des gängigen Marktwertes erfolgt, kommt oft schnell die Reue über diesen Spontankauf, zumal der Zuschlag den Abschluss eines verbindlichen Kaufvertrages bedeutet.

Der Zuschlag ist verbindlich

Zuletzt noch ein Tipp für die Einlieferer eines Kunstwerks. Man sollte auf jeden Fall ein Auktionshaus wählen, das auf die gewünschte Richtung spezialisiert ist, um einigermaßen sicher zu sein, auch das richtige Publikum anzusprechen. In regionalen Kunstführern sind die entsprechenden Adressen mit Schwerpunkten aufgeführt. Vor allem darf man sich nicht überreden lassen, das Limit unter dem persönlich vertretbaren und akzeptablen Niveau anzusetzen. Ratsam ist auch, den generellen Wert vorab im Gespräch mit unabhängigen Marktkennern zu eruieren.

Das richtige Auktionshaus wählen

Die Galerie: Der Kunstpromotor

Die ureigenste Aufgabe des Galeristen ist, einen Künstler zu entdecken, zu fördern und ihm ein Forum zur Präsentation seiner Arbeiten zu bieten. Dies ist nicht nur für zeitgenössische Maler der Fall. Auch das Werk früherer Künstler, denen der Erfolg zu Lebzeiten versagt war, kann auf diese Weise neu entdeckt und aufgebaut werden.

Die Galerie ist das „Trainingscamp" für das Auge

Im täglichen Sprachgebrauch versteht man unter Galerie ein Ladengeschäft, das mit Kunst handelt. Gute Galerien sind für den Kunstliebhaber ein idealer Ort, um mit der Zeit seinen Geschmack zu finden, seine Vorlieben für die verschiedenen Kunstrichtungen auszuloten und das Auge in Richtung Qualität zu trainieren. Es finden Gespräche statt, es werden Ansichten und Meinungen ausgetauscht, aber man muss nicht kaufen. Die Galerie will dem Kunstinteressierten die Hemmschwellen nehmen, ihn durch eine möglichst vollständige Präsentation einer Richtung oder eines Künstlers profund an die Materie heranführen. Allerdings muss sich der Käufer darüber im Klaren sein, dass, je höher der Anspruch der Galerie ist, auch eine erstklassige Adresse unabdingbar ist – und die kostet Geld. Hohe Mieten, Personal, Versicherungsprämien und Sicherheitssysteme verschlingen jeden Monat enorme Summen. Man kann sich leicht ausrechnen, wie großzügig die Kunstwerke hier kalkuliert werden müssen, damit auch noch ein angemessener Gewinn erzielt werden kann – von der Eigenkapitalbindung bei auf eigene Rechnung gekauften Objekten ganz zu schweigen. Natürlich ersetzt auch die Galerie nicht das Engagement des Käufers. Ein seriöser Galerist lauert nicht auf den unsicheren Laien, sondern wünscht sich vielmehr einen kompetenten, selbstsicheren Gesprächspartner, der sich mit der Materie beschäftigt hat. Nur so kann eine wirklich effiziente Beratung erfolgen.

Das eigene Engagement ist wichtig

Privathandel: Der diskrete Weg

Unter Privathandel versteht man Kunsthändler und -berater, die ohne Präsentation nach außen – also nur über Direktkontakte – Sammler, Privatkunden und Firmen betreuen. (Der Autor gibt gerne Auskünfte über den spezialisierten Privathandel.) Die Arbeitsweise des Privathändlers ist in etwa mit der eines Immobilienmaklers vergleichbar. Er kennt Käufer und Verkäufer und bringt somit durch seine Intervention das Geschäft zustande. Allerdings ist es im Gegensatz zum Immobiliengeschäft nicht üblich, die beiden Parteien zusammenzuführen. Da das Know-how des Händlers eben gerade aus dieser Kenntnis besteht, würde er durch ständige Offenlegung vermutlich bald brotlos werden. Es handelt sich hier also vorwiegend um eine Vermittlungs- und Maklertätigkeit. Da der Vermittler in den meisten Fällen die Ware nicht selbst ankauft, sondern in Kommission zur Verfügung hat, kann in diesem Falle auch die Marge entsprechend niedrig kalkuliert werden. Natürlich muss sich auch der Vermittler für Echtheit und Authentizität des Werkes verbürgen und haftet im Nachhinein für fehlende zugesicherte Eigenschaften. Ein ent-

Der Privathändler ist Makler und Vermittler

sprechender Vermerk des Händlers sollte daher auch Bestandteil der Verkaufsrechnung sein, z. B. „Hiermit verbürge ich mich für Echtheit und Authentizität des oben genannten Kunstwerkes."

Wie auf allen Gebieten, bei denen es um viel Geld geht, gibt es eben auch im Kunsthandel schwarze Schafe, die für ein verlockendes Geschäft die seriösen Spielregeln schnell beiseite legen. Es kann daher nur dringend empfohlen werden, bei Sammlerfreunden und Händlern Erkundigungen über die Person einzuholen, bevor man ihr ein wertvolles Kunstwerk oder eine hohe Geldsumme anvertraut.

Zur Absicherung immer einen Leihvertrag machen

Wenn man ein Bild in Kommission zum Verkauf weggibt, muss in jedem Fall ein Leihvertrag aufgesetzt werden (Muster im Anhang Seite 109), der außer den vereinbarten Bedingungen auch die Haftung des Händlers im Falle von Beschädigung oder Verlust beinhaltet.

Da der Vermittler die Objekte nicht in der Öffentlichkeit anbietet (Galerie, Messe), werden diese entsprechend diskret behandelt, was viele Sammler als wünschenswert erachten, da es dem Kunstwerk nicht gut tut, wenn es schon bei diversen Gelegenheiten präsentiert und angeboten wurde und sich als „Wanderpokal" einen zweifelhaften Ruf erwirbt.

Wichtig für die erfolgreiche Zusammenarbeit mit Händler bzw. Vermittler ist der ständige Dialog. Nur so können die Wünsche und Ziele des Sammlers klar definiert werden und der Händler kann umso gezielter die geeigneten Objekte suchen.

VIII. Ölgemälde und Papierarbeiten. Was ist zu beachten?

Das Original – Zustand und Bezeichnung

Innerhalb der originalen Kunstwerke, also der Unikate, wird zunächst unterschieden zwischen Gemälden und Papierarbeiten. Der Bereich der Gemälde umfasst den Farbauftrag mit Öl, Acryl, Ölmischtechnik und deren Kombinationen. Als Untergrund werden verwendet Leinwand, Holz, Hartfaser oder Karton, Press-Span u.ä.

Alles auf Papier Gemalte wird als Papierarbeit bezeichnet

Unter Papierarbeiten versteht man – wie der Name schon sagt – alles auf Papier Gemalte. Also Zeichnungen, Aquarelle, Gouachen sowie Collagen (von Französisch coller = kleben), aus verschiedenen Papierstücken zusammengesetzte Bildobjekte. Die Papiere variieren vom einfachen Schreibpapier bis zum teuren Bütten oder feinem Japanpapier bei Aquarellen. Gelegentlich findet man auch die Kombination Öl auf Papier, wobei dieses wegen des besseren Erscheinungsbildes oftmals auf Leinwand oder Karton aufgezogen wird. Wegen der plastischeren Wirkung ist die Leinwand für Ölfarbe jedoch vorteilhafter. Holzuntergrund findet man vorwiegend im Altmeisterbereich.

Auf was sollte man achten?

Die Bildoberfläche prüfen

Zunächst ist ein Augenmerk auf alle Restaurierungen, Reparaturen und Erneuerungen zu richten. Ölfarbe hat einen natürlich seidenmatten Glanz, der pastose Farbauftrag muss gleichmäßig, der Pinselstrich des Bildes wie aus einem Guss wirken. Eine zu matte Oberfläche deutet auf unsachgemäße Reinigung hin, Hochglanz dagegen auf nachträglichen Firnisauftrag. Schließlich ist noch die Bezeichnung zu prüfen, also der Hinweis auf den Künstler. Diese kann bestehen aus der vollständigen Signatur oder dem Monogramm.

Signatur, Monogramm und Stempel

In der klassischen Kunst werden mitunter auch so genannte Signaturstempel verwendet. Die jeweilige Nachlassverwaltung oder eine andere autorisierte Stelle entscheidet, ob ein Bild hierdurch mit einer nachträglichen Bezeichnung ausgestattet wird. Wichtig ist natürlich, dass die Signatur in der für den Künstler typischen Art und Weise aufgetragen ist und nicht von dessen üblichen Gepflogenheiten abweicht. Die Bezeichnung kann weiterhin beinhalten eine Datierung des Werkes sowie eine Betitelung oder nähere

Hinweise auf das gemalte Motiv. In einigen Fällen sind Bezeichnungen, Widmungen und auch Signaturen auf der Bildrückseite aufgetragen, wobei hier ein Experte klären muss, was davon eigenhändig oder von fremder Hand ist. In früheren Zeiten, als die heute begehrten Kunstwerke noch jung waren und keinen besonderen Wert hatten, schrieben die Sammler häufig die Daten des Bildes selbst auf die Rückseite, um später die Herkunft besser nachvollziehen zu können.

Die Bezeichnung ist kein absolutes Muss

Generell gilt: Die Bezeichnung ist zwar kein absolutes Muss für ein Kunstwerk, das Attribut „unbezeichnet" ist jedoch auch bei einwandfreier Identifikation und Authentizität immer ein Nachteil.

Rahmung und Präsentation

Die Rahmung ist eine Hommage an das Bild

Die Rahmung sollte immer eine Hommage an das Kunstwerk sein, ohne dieses übertreffen zu wollen. Zwar ist gute Rahmung Geschmacksache und guter Geschmack lässt sich auch hier auf vielerlei Art ausdrücken, es gibt aber doch einige Regeln, die man beachten sollte.

Zunächst ist in den meisten Fällen optimal, wenn der Rahmen der Zeitepoche des Bildes entspricht oder zumindest geschmackvoll nachempfunden ist. Experimente, zwei völlig verschiedene Stilepochen miteinander zu kombinieren, mögen im Einzelfall originell und gelungen sein, oft jedoch geht sowohl dem Bild als auch dem Rahmen viel an Ausstrahlung verloren. Je nachdem, ob die Tiefe des perspektivischen Eindrucks durch den Rahmen hervorgehoben werden soll oder eine flächige Wirkung gewünscht wird, kann entweder ein vertiefter Rahmen, die so genannte Hohlkehle, oder ein flacher Rahmen verwendet werden. Bei Ölgemälden sollte die hintere Rahmentiefe immer der Dicke des Keilrahmens entsprechen. Ist bei Gemälden die Randpartie bemalt und unbeschädigt, sind so genannte Schattenfugenrahmen zu empfehlen, bei denen die Leinwand frei montiert wird. Den Zwischenraum zum Außenrahmen nennt man Schattenfuge.

Papier-Rahmung, ein heikles Kapitel

Ein heikles Kapitel ist immer wieder die Rahmung von Papierarbeiten. Hier muss unbedingt nach den konservatorischen Regeln gearbeitet werden, d. h., dass in jedem Fall ein Passepartout oder ein Abstandshalter zwischen Glas und Rückwand montiert ist, um zu verhindern, dass das Bild am Glas anliegt. Der Kontakt des Blattes mit dem Glas verursacht nicht nur die Absplitterung von Farbpartikeln, sondern auch die Beschädigung durch Kondenswasser, selbst in trockenen Räumen. Passepartout und Rückwand müssen garantiert säurefrei und alterungsbeständig sein. Alterungsbeständigkeit bedeutet in diesem Zusammenhang, dass Museumskarton mit einem so genannten Kalziumkarbonat-Puffer verwendet wird. Hierdurch werden Säuren, die aus Wand oder Umgebung das Bild gefährden könnten, wirksam abgeblockt. Einzig bei Rahmung von Fotos darf diese Kartonart nicht verwendet werden, da es der chemischen Zusammensetzung der Fotografie schaden kann.

Außerdem dürfen Originalblätter und Grafik niemals kaschiert, d. h. vollflächig verklebt sein. Es müssen säurefreie Kleber oder Klebstreifen verwendet werden, die jederzeit auch vom Nichtfachmann leicht ablösbar sind.

Kein Glas ohne UV-Schutz

Was die Verglasung betrifft, so ist zumindest bei wertvolleren Bildern Museumsglas mit 97 Prozent UV-Schutz empfehlenswert. Besonders in hellen Hängungsorten können durch das eintretende Tageslicht im Laufe der Zeit starke Farbausbleichungen die Folge sein. Ob man sich für normales oder entspiegeltes Glas entscheiden soll, kann nicht generell beantwortet werden, sondern hängt vom jeweiligen Objekt und der plastischen Wirkung ab, die hierdurch eventuell beeinflusst werden kann. Plexiglas hat als einzigen Vorteil die Gewichtsreduzierung und wird daher vorwiegend bei großflächigen Bildern verwendet. In jedem Fall abzuraten ist von rahmenlosen Clip-Bildhaltern, da sich der von oben eindringende Staub am Bild absetzt und es langfristig erheblich schädigt.

Schienensysteme – die ideale Hängung

Nun noch einige Worte zur Hängung: Am praktischsten sind natürlich die im Fachhandel erhältlichen Galerieschienensysteme, mit denen man ohne großen Aufwand und ohne Beschädigung der Wand die Hängung beliebig oft variieren kann. Für die Höhe gilt die Grundregel: Bildmitte auf Augenhöhe. Lichtquellen, ob Halogen oder Glühlampen, sollten mindestens einen Meter vom Objekt entfernt sein. Direkte Sonneneinstrahlung ist unbedingt zu vermeiden. Sofern Kunstwerke ungerahmt in Mappen gelagert werden, ist auf die Museumsqualität der Archivierungskartons zu achten. Zur Lagerung sind Metallschränke vorzuziehen, da Holz wiederum schädliche Säuren freisetzt.

IX. Aufbau und System einer Sammlung

Gezielt oder „querbeet"?

Mit dem Begriff „Kunstsammler" assoziieren viele Menschen den hochprofessionellen, engagierten Kunstkäufer, der sich im Laufe von Jahren eine allumfassende, systematisch aufgebaute Sammlung angeeignet hat. Dabei ist Sammeln bereits alles, was über die notwendige und zufällige Wanddekoration hinausgeht. Jemand, der sich von Zeit zu Zeit ein Bild kauft, ist bereits im Aufbau einer Sammlung begriffen, denn er hat den Wunsch, sich zunehmend mit schönen Kunstwerken zu umgeben. Nichts anderes ist Kunstsammeln. Der eine entdeckt immer wieder neue junge Künstler, der andere hat sich den großen Klassikern verschrieben. Obwohl es hier um ein paar tausend Mark und dort um Millionen geht, verbindet beide doch der Kernpunkt des Sammelns, nämlich die immer währende Leidenschaft und Liebe zur Kunst, unabhängig davon, wie viele Bilder man bereits besitzt.

Die Menge macht nicht den Sammler

Die Frage, ob man gezielt in eine Richtung gehen oder einfach aus der gesamten Bandbreite der Kunst das kaufen soll, was einem gefällt, hängt wohl, wie ich meine, zu einem beträchtlichen Teil von der vorhandenen Fachkenntnis ab. Ein Kunstliebhaber, der sich bereits intensiv mit den verschiedenen Stilrichtungen auseinander gesetzt hat, gelangt vielleicht eines Tages an den Punkt, sich nur noch in einem bestimmten Segment zu engagieren. Hier ist das Ziel, der bevorzugten Richtung durch eine möglichst repräsentative Übersicht von charakteristischen und typischen Objekten Ausdruck zu verleihen.
Ist man sich seiner Sache noch nicht so sicher, kann man ruhig so lange „querbeet" Objekte herauspicken, bis das geübtere Auge irgendwann zu einer bestimmten Richtung tendiert.

Gute Kunst passt immer zusammen

Die sicherste Grundregel ist, erste Qualität zu kaufen, denn gute Kunst passt immer zusammen, minderwertige nicht.

Von unten nach oben mit System

Leider ist es nur wenigen Menschen vergönnt, für ihre Liebhabereien unbeschränkte finanzielle Mittel zur Verfügung zu haben. Der Normalfall ist, dass man sich sehr genau überlegen muss, wie man sein Geld aufteilt, um möglichst viel Kunsterlebnis dafür zu bekommen. Viele Sammler schichten im Laufe der Zeit ihren Bestand an Kunstwerken um, d. h. wenn beispielsweise mehrere kleine Arbeiten eines Künstlers gekauft wurden, können einige dieser Stücke später gegen ein Hauptwerk des gleichen Malers getauscht werden. Somit ist man eine Stufe höher gekommen, ohne neues Kapital anzutasten. Diese regelmäßige Bereinigung des Bestandes ist ein guter Weg, um eine Sammlung systematisch aufzubauen. Auch hier wird wieder auf das Qualitätsbewusstsein verwiesen, denn es soll sich ja um Objekte handeln, die jederzeit auf dem internationalen Markt von Interesse sind. Wie authentisch und gut strukturiert eine Sammlung ist, hängt eben nicht zuletzt von der Zielvorgabe und Prioritätensetzung des Kunstkäufers ab.

Die Bereinigung des Bestandes

Wenn die „Schnäppchenjagd" wichtigstes Kriterium ist, hat man bald ein buntes Sammel-

Die „Schnäppchenjagd“ ist keine Anlage

surium beieinander, das ohne erkennbare Linie den unentschlossenen Gelegenheitskäufer erkennen lässt. Wenn durch Nachlässe, Erbschaften etc. ein größerer Bilderbestand auf Auktionen erscheint, fragt man sich oft kopfschüttelnd, was denjenigen wohl getrieben hat, ein derartiges Durcheinander an drittklassiger Kunst zusammenzukaufen.
Kein Wunder, wenn in diesen Fällen von Wertsteigerung, ja selbst von Werterhaltung keine Rede mehr sein kann.
Der bessere Weg ist, wenn der Sammler den Händler seines Vertrauens bittet, ihn über das Marktgeschehen und aktuelle Angebote der gewünschten Objekte informiert zu halten. In diesem ständigen Dialog werden die Wünsche klar definiert und die Marschrichtung festgelegt. Der Sammler eignet sich mit der Zeit ein Detailwissen über seine bevorzugte Richtung an und tritt bei Händlern und Auktionen entsprechend sicherer auf.

Die Antwort auf die Frage „Kunst sammeln – aber wie?“ lautet letztendlich: Eine klare Vorstellung haben, was man will, das Herz sprechen lassen, ohne den Verstand auszuschalten und sich Wissen aneignen, um die Risiken zu minimieren.

Anhang

Die wichtigsten internationalen Kunstmessen

TEFAF Maastricht, Maastricht, Niederlande
Absolut führende Messe für Altmeisterkunst, neuerdings auch verstärkt im Bereich der Klassischen Moderne.

ART Basel
Führende Messe für Kunst des 20. Jahrhunderts und Gegenwartskunst.

ART COLOGNE, Köln
Kunst des 20. Jahrhunderts mit Schwerpunkt Nachkriegskunst und Zeitgenössische.

KUNST KÖLN (bisher „Westdeutsche Kunstmesse“)
19./20. Jahrhundert, Klassische Kunst allgemein.
Mit separater Parallelmesse für Zeitgenössische Kunst und „Art Brut“.

KUNSTMESSE MÜNCHEN
Klassische Kunst des 19. und 20. Jahrhunderts

AMORY-SHOW, New York
Klassische Moderne, Zutritt aber nur für Mitglieder des US-Kunsthändlerverbandes (AAA).

FIAC, Paris
Schwerpunkt Zeitgenössische Kunst.

Mustertext für Provenienz und Literatur

Provenienz:
- Nachlass des Künstlers
- Sammlung John Brown, New York
- Christie's, London, 7. 10. 1975, Lot Nr. 362, Kat. Abb.
- Privatsammlung Schweiz

Ausstellungen:
- Haus der Kunst, München: „Der Deutsche Expressionismus", 1965, Kat. S. 250, Abb.
- Galerie Müller, Hamburg, Einzelausstellung 1982

Literatur:
- Werkverzeichnis Prof. Dr. H. Meier, München 1962, Vol. II, Nr. 382, Abb. Tafel 24
- „Große Expressionisten", Schmidt-Verlag, Stuttgart 1980, S. 231, farb. Abb.

Mustertext einer Expertise

(Im Allgemeinen handgeschrieben auf der Rückseite eines Fotos des Kunstwerkes)

Das umseitige Foto zeigt ein Gemälde mit der Darstellung einer Waldlandschaft, Öl auf Leinwand, 55 x 75 cm, links unten signiert „XY".

Bei dem Gemälde, das ich im Original kenne, handelt es sich meines Erachtens um ein eigenhändiges Werk von XY (1905–1985).

Das Bild zeigt den Pinienwald in der Nähe des Hauses des Künstlers bei Lugano (Tessin) und ist vermutlich um 1960 entstanden.

Das Gemälde wird von mir in den in Vorbereitung befindlichen Nachtrag des Werkverzeichnisses aufgenommen.

Ort, Datum, Unterschrift

Dies soll nur ein Beispiel für einen Text sein. Die Formulierung kann natürlich vielfältig variieren und noch zusätzliche Punkte, wie z. B. den aktuellen Zustand des Bildes oder Angaben zur Provenienz enthalten.

Muster eines Leihvertrags

VEREINBARUNG

zwischen *(Leihnehmer)* ______________________
und *(Leihgeber)* ______________________

(Leihgeber) übergibt nachbenanntes Originalkunstwerk in einwandfreiem Zustand zur Ansicht:

(Künstler, Technik, Titel, Maße, Bezeichnung)
____

(Leihnehmer) verpflichtet sich, das Kunstwerk bis spätestens ________ an *(Leihgeber)* zurückzugeben oder den vereinbarten Kaufpreis in Höhe von DM ________ (i. W. DM ________________) in bar an *(Leihgeber)* zu bezahlen.

Die Gefahr des zufälligen Untergangs oder der Beschädigung gehen mit Unterzeichnung dieser Vereinbarung auf *(Leihnehmer)* über, unabhängig davon, in wessen Besitz sich das Kunstwerk befindet.

Bis zur vollständigen Bezahlung des Kaufpreises bleibt das Kunstwerk Eigentum von *(Leihgeber)*, bzw. der Person, in deren Auftrag *(Leihgeber)* das Kunstwerk verkauft.

So lange das Kunstwerk nicht vollständig bezahlt ist, ist *(Leihgeber)* jederzeit berechtigt, dieses wieder an sich zu nehmen und sicherzustellen.

(Leihnehmer) ist bis dahin verpflichtet, *(Leihgeber)* den ungehinderten Zugang zu dem Kunstwerk zu verschaffen und die Wiederinbesitznahme zu ermöglichen.

(Leihnehmer) ist bis zur vollständigen Bezahlung des Kaufpreises nicht berechtigt, das Kunstwerk an Dritte weiterzugeben.

______________________ ______________________
Ort, Datum *Unterschriften*

Muster eines Kaufvertrags

KAUFVERTRAG

Käufer: ______________________________

____

kauft hiermit nachstehend beschriebenes Originalkunstwerk von:

Verkäufer: ______________________________

____

Kaufgegenstand: Maler: ______________________________
Technik: ______________________________
Maße: ______________________________
Motiv: ______________________________

Der vereinbarte Kaufpreis von DM ______________
(i. W. DM ______________) ist in bar zu zahlen Zug um Zug gegen Übergabe und Übereignung des Bildes, spätestens bis ______________.

Sollte dem Käufer schon vor vollständiger Bezahlung der Besitz an dem Gemälde eingeräumt worden sein, geht das Eigentum an dem Bild erst nach vollständiger Bezahlung des Kaufpreises auf diesen über.

Der Käufer bestätigt, heute das Bild in einwandfreiem Zustand erhalten zu haben.

______________ ______________
Ort *Datum*

______________ ______________
Käufer *Verkäufer*